【文庫クセジュ】

宗教社会学入門

ジャン=ポール・ヴィレーム著
林 伸一郎訳

Que sais-je?

白水社

目次

序

それぞれの宗教は、時空のうちで展開する、複雑で多様性に富んだ一つの宇宙である。いわんや諸宗教からなる世界においておや。宗教学の研究者は、そのような多様性を前にして、一つの限定された宗教世界を専門とせざるをえない。事実、比較研究というものは、一つ一つの宗教世界についての鋭い分析から出発して、初めて可能になるのである。しかし、そのような分析そのものは複数ありうる。歴史家、社会学者、民族学者、哲学者、政治学者、法律学者はそれぞれの仕方でその対象を扱うからだ。このようにさまざまな眼差しのもとで同一の宗教世界が異なった相貌をとって現われるのなら、一つの視線の単一性こそが、固有の問題を立てることを通して、諸々の宗教世界からなる総体の考察を可能にするものである。

それゆえ、〔『宗教社会学入門』と題された〕本書において強調されるのは、「〔諸〕宗教」ではなく、それらの「社会学」のほうである。言い換えると、以下で問題となるのは、いくつかの主要な宗教世界の紹介ではなく、一つの特殊な研究領域、つまり「宗教社会学」という領域がだんだんと、しかもつねに多元的に構成されてきたそのあり方を説明することである。初期の社会学者は宗教事象をどのように考察したのか、諸々の宗教への社会学的眼差しが徐々に練りあげられていく、その過程はどのようであったのか、そして現代の社会学者は宗教の現状をいかに分析しているのか、これらが以下で見出される内容である。本書はその限界のなかで、計画は野心的なものであるにもかかわらず、あくまでも宗教社会学への入門書たらんとするものである。

英語で書かれたもののなかには、すぐれた入門書がいくつも存在している。[1] われわれフランス語圏の人間にもそのような入門書が欠けているわけではけっしてない。H・デロッシュの『宗教社会学』（一九六八年）、またH・デロッシュとJ・セギーが編んだ『諸宗教の人文科学入門』（一九七〇年）は、宗教社会学の領域を歴史的、また認識論的に画定するには、いまもなお有益なものであり続けている。[2] 一九九四年には、エンゾ・パーチェとサビーノ・アクアヴィヴァがイタリアで出版した『宗教社会学』のフランス語版がでた。[3] それは宗教性概念と組織としての宗教に関心を特化した宗教社会学である。D・エルヴュー＝レジェとJ＝P・ヴィレームは『社会学と宗教——古典的アプローチ』（二〇〇一年）のなかで、社会学の「創設者たち」の宗教的なるものの分析を紹介している。[4] J・A・ベックフォードが強調しているように、[5] 宗教的なるものへの社会学的アプローチは、その対象について既成の定義から出発するのでなく、ある社会がそれをどのように定義しているのかということ自体の研究を絶えず組みこんでいるものでなければならない。宗教的なるものの「社会的」構築（社会による、宗教的なるものとそうでないものの境界設定）と宗教的なるものの「社会学的」構築（研究対象を画定し、それを分析する仕方）のあいだには複雑な繋がりがあるのだ。

（1）とくに、参考文献序【1】、【2】を参照。
（2）参考文献序【3】、【4】を参照。
（3）参考文献序【5】参照。
（4）参考文献序【6】参照。
（5）参考文献序【7】参照。

われわれは、まず古典的社会学者を数人取りあげ、彼らが宗教現象をどのように扱っていたか（第一章）、そして社会学的アプローチが特定の宗教色のついた社会学から、そのような宗教色を脱した宗教社会学へといかに進化したのか（第二章）を検討する。そののちに、さまざまに進化した宗教の現在を現代社会学がいかに分析しているのか、その分析の仕方を考察する（第三章）。そうすることで、次に、宗教社会学の二つの基本問題へと――一方では世俗化や近代と宗教の諸関係についての議論（第四章）へ、他方では宗教の社会学的定義の問題（第五章）へと――立ち戻ることができるようになるのである。

第一章　社会学の伝統と宗教現象

学問としての社会学の誕生は、西欧社会における宗教的なるものの生成を問うことと密接に結びついた出来事だった。初期の社会学者は、近代社会の出現を説明しようとして、宗教現象に出合わざるをえなかった。事実、宗教社会学は、社会学が「近代とは何か」と問いかけるなかで生まれたのであり、(デュルケムとウェーバーを嚆矢とする) この学問の偉大な創設者たちは宗教現象の社会学的分析を提示したのである。彼らの探求の中心にあったもの、それは近代社会であり、また結果としてそれが宗教にもたらした深刻な変化であった。

社会科学の一つとして生まれた宗教社会学にとって、宗教の合理主義的批判は重要な意味を持っていた。とりわけフランスにおいてはそうであった。この合理主義的批判の影響は、確かに逆説的なものではある。宗教に関する社会学的思考は、宗教によらずに宗教を説明することを標榜しながらも、R・A・ニスベットが正しく理解したとおり[1]、実際には啓蒙の哲学者たちの還元的アプローチと軌を一にするものではなかった。この哲学者たちは、宗教の社会的有用性を認めながらも、宗教というものは何より理性の欠如の現われだと考えていた。社会学的思考のほうは、宗教が社会的に重要な働きを担っていることを示すことで、ときに還元的図式を再生することはあったものの、宗教的なるものの復権に貢献したのである。

（1）参考文献第一章【1】を参照。

社会学の父祖たちは、たいていの場合、産業革命や政治上の革命によって大混乱した社会秩序の再建について反省するモラリストであったにせよ、宗教の科学的アプローチを作りだそうとするときには、啓蒙の哲学や合理主義的批判から改めて何かを汲み取ることはあった。こうして宗教を科学の対象とすることにこそ、しばしば還元主義的アプローチが認められた。それは宗教的なるものを、それ以外のさまざまな変数によって説明できるものとして、つまり一つの従属変数としてのみ考えようとするものだからである。そうなると、いかなる宗教も固有の象徴的内容を持たないものであるかのようである。宗教の合理主義的批判はさまざまな要因によって宗教的表象や宗教的実践を説明しようとするものであって、そのような要因には、たとえば人間学的要因（フォイエルバッハ）、あるいは経済的要因（マルクス）、心理的要因（フロイト）、あるいは社会的要因（デュルケム）がある。これらのアプローチを採用した結果、諸宗教の科学的研究にはしばしば、社会変革計画に基づくイデオロギー批判だけでなく、その上に人間と世界の、正真正銘の代替概念も混入してしまったのである。

宗教現象を社会的事実として分析しうるためには、社会に関する知が世俗化されている必要があったのだ。つまり、宗教の科学的分析の出現は、宗教が社会を包括しているという、宗教の包括機能の喪失をその特徴とする社会の全体的進化と不可分なのである。「宗教学」の登場は、こうして、世俗化プロセスに結びついていた。このプロセスこそが、種々の衝突がないわけではなかったが、宗教に関する、〔宗教から〕独立した知を彫琢する場の確立を可能にしたのである。(1)

(1) 以下の書を参照のこと。参考文献第一章【2】、【3】。

社会学者のなかには実証主義者として括られる社会学者がいる一方で、ロマン主義者としてまとめられる者もいた。つまり対象を〔何かへ〕還元してしまおうという傾向があった一方で、それに魅了されてしまう傾向もあった。それでも社会学の諸伝統は徐々に宗教現象への独特な接近方法を、つまり宗教現象を対象として観察し、分析する固有の方法を明らかにしていった。この眼差しの習得は、何人かの「古典的」社会学者の教えを仰いでみて、はじめて可能になるものである。

Ⅰ　カール・マルクス（一八一八～八三年）とさまざまなマルクス主義

アンリ・ルフェーヴルが言っているように、「マルクスは社会学者ではない」のだとしても、マルクス主義には一つの社会学が見出される。そしてこの社会学は、その限界がどうであろうと、宗教社会学にとっては重要な寄与となっている。マルクスにおいては、往々にして政治的・哲学的立場からの宗教批判が社会的事実としての宗教の分析に勝っている。だが、このような批判がもたらした諸々の分析要素がきっかけとなり、宗教現象についての数多くの社会学的アプローチが産みだされることになったのである。政治的見地からの宗教批判は、宗教を「人民の阿片」として告発するものであるが、そのような批判に応えようとするなら、唯一可能な方法は、宗教が政治に与える影響を社会史的に分析してみることである。ところで、このような分析が示しているのは、とくにマルクスの時代には、宗教は既成権力を保証するものとして役立っていたということであり、労働者たちは、カトリックやプロテスタントの説教をたくさん聞いて、みずからの運命を受け入れるようになったということである。既成の宗教的権威と産業社会のブルジョワジーのあいだに成立していた、ある種の共犯関係が明らかになったのである。

だが、マルクスは、キリスト教の〔既成権力〕保証機能に焦点を当てることにより、その異議申し立て機能、既成権力に対して異議申し立てを伝える能力を過小評価してしまった。しかしながら彼は、「宗教の苦悩は、一方で、現実の苦悩の表現であり、他方で、現実の苦悩に対する異議申し立てである」と言明しており、宗教が異議申し立ての次元を持っていることを認めてはいた。だが、宗教を「人民の幻想の幸福」と考えてしまったので、この異議申し立てを真剣に受け取ることはできなかったし、またある状況下では宗教が人民の「現実の幸福」のために役立つことがあると考えることもできなかったのである。政治的なイデオロギーであろうと、宗教的なものであろうと、とにかくあるイデオロギーの政治的影響が一義的なものであることはまずない。かつての東欧〔共産〕圏の国々では、硬直化して国家教義となったマルクス主義に対する異議申し立てが、まさに宗教勢力の側からも出現したという事実が確認されるが、それは歴史のつまらぬ皮肉などではないのである。マルクスは、その政治的批判に流されて、「人民の阿片」という役割をキリスト教の本質としてしまい、この伝統的宗教の内的論理を分析することはなかった。[1] もし彼がそれを分析していたら、一定の状況下では、キリスト教が社会に対する異議申し立てを醸成することもあるし、既成秩序の正統性を奪うことも可能であるということに気づいていたはずである。

（1）E・プーラが、カトリック教会とリベラルなブルジョワ階級のあいだには、いくつもの同盟関係が結ばれているのにもかかわらず、深刻な対立が存在しているということを示すことができたのは、まさにカトリシスムの内的論理に細心の注意を払ったからである。参考文献第一章【4】参照。

マルクスの考え方の哲学的諸前提が一種の負債となり、その分析の重荷になっているのである。事実、マルクスは、宗教を社会生活の物質的基盤に対してほとんど自立性を持たない上部構造の現実と考え、宗教的なるものを自立的な象徴体系としては考えなかったのであって、それは彼が政治的なものもそのようなものとして考えなかったのと同様である。そこでマルクスは、宗教的なるものを、具体的に観察可能な、その社会的・政治的影響へと還元してしまう。宗教の合理主義的批判がここで非常によく利いている。もし宗教が資本主義体制における人間疎外に結びついた一つの幻想でしかないなら、宗教に社会現象としての何らかの内実を与えることは、確かに難しいのである。

フリードリッヒ・エンゲルス（一八二〇〜九五年）は、宗教進化の包括的解釈を示しているという点において、宗教現象の分析に関して、マルクスより一日の長があった。まず、階級分化以前の社会には、エンゲルスが「自然宗教」と呼ぶもの（「黒人たちのフェティシズムあるいはアーリア人の原始宗教のような」「宗教」と彼は補足している）が存在している。それは司祭たちの「ペテン」を介さずに生まれたものであり、H・デロッシュが言うように、「社会における欲求不満によるのでなく、自然の前での無知」[1]に由来する宗教である。エンゲルスによれば、これらの「自然宗教」の発生原因を経済に探し求めても意味がないであろう。自然に関する間違った表象こそが、逆に、そのような社会が経済的にほとんど発展しなかったことの起源にあるからだ。これはマルクス主義者である著者〔エンゲルス〕からの重要な指摘である。なぜなら、それは表象の影響力を強調しているからであり、結局のところ、社会的・経済的原因だけが宗教感情を引きおこす原因なのではないということを認めることになるからである。

（1）参考文献第一章【5】三六頁。

エンゲルスは、宗教の発生とその生成を説明するためには、「宗教はペテン師たちがつくりだす、一連のでたらめ」であると言明するだけでは充分でないと考えている。さらに社会的・歴史的な発生条件を分析し、なぜ宗教があれほど成功したのか、その理由を説明しなければならないのである。それこそ、エンゲルスがキリスト教に関して行なおうとしていることであって、彼は「最初の普遍宗教」と思われるもの〔キリスト教〕の出現を、経済、政治そして社会の深刻な解体という文脈のなかに位置づけている。

エンゲルスは、キリスト教が大衆をとらえたという事実に驚いて、原始キリスト教と社会主義とを対比している。彼の目には、前者がその時代に合った一つの「社会主義」のように映っている。つまり、それは、産業時代における社会主義のように、開放のメッセージを携えるとともに迫害の犠牲者でもあるような、被抑圧者たちの運動を代表した一つの「社会主義」なのだ。キリスト教も社会主義も、エンゲルスにとっては、イデオロギーが人びとの意識に浸透して集団の力となるときに持つ、その社会的な力を示しているのである。

また、われわれがエンゲルスに負っているものとしては、階級という言葉による十六世紀宗教紛争の分析もある。そこで彼は「カトリックすなわち反動的陣営、ブルジョワ・改革的なルター派陣営、そして革命的陣営（トマス・ミュンツァー、平民や農民といった大衆が体現している陣営）」を区別している。確かに、エンゲルスは、そのような分析を通して十六世紀宗教紛争の、紛うかたなき社会的・政治的次元に注目しているのだが、同時にこれらの宗教紛争を、宗教という「仮面」をまとって表出する単なる階級闘争へと還元せずにはいられない。まるで宗教システムというものは固有の論理を持ちえないものであるかのようである。カール・カウツキー（一八五四〜一九三八年）は、エンゲルスが示した方向性に沿って、キリスト教のさまざまな起源に、また中世や宗教改革の時代に現われたいくつかの宗教に関心を向け、そこに宗教という「衣装」、あるいは「外見」をまとっている前共産主義的運動を見たのだった。

マルクス主義的アプローチは、それ固有の弱点にもかかわらず、宗教社会学に寄与するところ大である。実際、このアプローチはこの学問にとって興味深い三つの問題設定を用いている。それは無知という問題設定、宗教的なものを政治の道具とする道具化の問題設定、そして社会階級という問題設定である。無知の問題設定は、宗教的人間観や世界観を知っていること、知らないでいることが社会的世界観のレベルではどのような影響をもたらすのかという問題を立てることを可能にする。政治の道具としての宗教的なるものという問題設定は、社会的支配関係と権力の正当化における象徴体系の利用という問題と結びつく。社会階級という問題設定は、社会階層に応じて宗教の実践とそのメッセージが分化していく現象を検討するように促す。ブルジョワの宗教、中間階層の宗教、被抑圧者たちの宗教というように、社会階級の対立はまた宗教界をも貫き、それぞれの宗教的伝統に異なった相貌を与えているのである。マックス・ウェーバーは、宗教性の類型と社会階層のあいだに存在する選択的親和性を示すことによって、より微妙な差異を考慮しながら、その問題を取りあげ直すであろう。

マルクスの立場のなかに保持すべきものがあるとすれば、それはマクロ社会学的な視点を優先する観点であろう。宗教現象の分析にとって、それが意味するのはこういうことである。つまり、宗教集団というものは、それがどれほど少数派であり、〔社会に〕同調しないものであっても、すべて、一つの社会を特徴づけるさまざまな社会関係の全体構造のなかに位置づけられるのである。

マルクス主義は複数あり、マルクスとエンゲルスの後裔の姿はさまざまであった。宗教社会学に関しては、とくにアントニオ・グラムシ（一八九一～一九三七年）の寄与を取りあげよう。グラムシが、宗教の問題に最も強く関心を寄せたマルクス主義理論家の一人であることに異論の余地はない。彼は、カトリシスムが大衆へ（とりわけ農民層に）強い影響力を保持していたイタリアの状況を目の当たりにしたために、宗教現象、とくにカトリシスムをより深く分析せずにはいられなかった。そのことは、彼が資本主義社会を分析するに際して、マルクス主義的経済主体論へ反発して、インテリの力とイデオロギーの役割をきわめて重要視していただけに、いっそう必要なことに思われたのだった。

グラムシは、その大枠においては、宗教現象のマルクス主義的説明図式に忠実でありながら、その分析においては、マルクスやエンゲルスの先を行っている。彼はさまざまな時代にカトリック教会が果たしてきた社会的機能を研究するだけでは飽きたらず、国家のイデオロギー装置としての教会、宗教団体の内的構造、聖職者と平信徒との関係、カトリシスムを貫いているさまざまな潮流をも分析の対象としているのである。グラムシは、カトリック教会が形成したイデオロギー装置の堅固さや教会が提示する知識人と大衆の関係に驚嘆しながらも、近代のカトリシスムは、大衆指導の機能に関して、マルクス主義そのものによって脅かされていると見なしている。彼にとって、マルクス主義は宗教の諸改革を受け継ぎ、それらを乗り越える、本物の「知的・道徳的改革」なのである。彼は、大衆をマルクス主義へ転向させるように、カトリック教会の宣伝方法、指導方法を見直すべきだと提案するほどである。ユーグ・ポルテリは、「下位の階級は、新しいイデオロギーを理性によって理解することを待ち望みつつ、それを一つの信仰として受け入れなければならないのであろう」と指摘している。[1]

（1）参考文献第一章【6】二八二頁。

マルクス主義者を標榜する著作家のなかには、宗教に関するマルクスの限界とその誤りを認める者もいる。たとえば、フランスではミシェール・ベルトランが、マルクス主義の創始者たちは、宗教が近い将来に終焉するというその予言において間違ったのだと認めている。「宗教感情の土台のいっさいが社会を起源とするものでない限り、宗教が（意識形態として）存在しつづけるという仮説は排除されない」と彼女は記している。[1]

（1）参考文献第一章【7】一八四〜一八五頁。

Ⅱ　アレクシス・ド・トクヴィル（一八〇五〜五九年）と宗教の諸々の徳

トクヴィルは、とくに宗教を対象とする作品を書いていないにせよ、宗教社会学の「古典的著作家」に含まれるにふさわしい人物である。彼は、アメリカの社会的・政治的生活を持ち前の明敏さでもって観察し、『アメリカの民主政治』（一八三五年と一八四〇年）のなかで、この民主主義の形成と発展の過程で宗教が果たした重要な役割を指摘している。こうして、彼は民主主義と宗教の織りなすさまざまな関係について、あまたの展望を開き、ときには驚くべき現代性を持つ考察を展開することになるのである。トクヴィルは、何よりもまずアメリカ社会のなかに力強く生きている宗教の力を発見して驚いたのだった。

このことは、「啓蒙と自由の進歩が広まっていくにつれて」宗教的熱情は必然的に冷めていかねばならないかのように、民主主義的な近代社会の登場が宗教の後退をもたらす、と考える人びとに対する反論となった。逆に、トクヴィルは「アメリカでは宗教こそが啓蒙へと導いてくれるのであって、神の法を遵守することが人間を自由にしてくれるのだ」と指摘する。これは、宗教を社会的・政治的な支配力や大衆の疎外と同一視するマルクス主義的アプローチに対して、見方を完全に反転させることである。また近代と宗教の古典的対立関係に関しても見方が逆転しているのであって、というのもトクヴィルは、上述のように、アメリカを作りあげたピューリタンたちが民主主義の理想を彫琢していく過程で宗教が果たした役割を強調しているからである。

アメリカの特質は、単に宗教が確かに活発であるという点に見られるだけではない。そこでは「宗教の精神」と「自由の精神」が手を携えあってもいた。アメリカでは宗教が近代民主主義の障害としてではなく、民主主義に寄与するものとして考えられていたのである。〔アメリカという〕この近代社会は、個人主義と社会的条件の平等を特徴とするために、その統合が危うくなる可能性もあったのだが、それを宗教という共通の源――道徳的規律を授けることによって一人一人の心のなかに「公民精神」を育む源泉としての宗教――に見出したのだった。宗教が社会的責任を教えこみ、個人主義を補完するものであるなら、それは社会にとって必要なものだとトクヴィルは考えるのである。

「社会が存在するためには、ましてこの社会が繁栄するためには、市民たちのすべての精神が、幾つかの主要観念によって結集し団結していなければならない。そしてこれは、市民たちひとりびとりが、時として自らの意見を同一の源泉から汲みとり、そして全くつくられている幾つかの信仰内容をうけいれることを承認するようになっていなければ、ありえないことである。」（A・ド・トクヴィル『アメリカの民主政治』Ⅱ、UGE, 10／18文庫、二二四頁）〔邦訳：『アメリカの民主政治』（下）講談社学術文庫、三〇頁〕

人間が「独断的信念」を持たずにはいられないものであるのなら、トクヴィルによれば、最も望ましい独断的信念は宗教に関するものである。

「それ故に人々は、神について、自分たちの霊魂について、自分たちの創造者と自分たちの同類者たちに対する自分たちの一般的義務について、しっかりした理念を自分たちでつくることに大変な関心をよせている。なぜかというと、これらの第一義的な重要なことどもについて疑惑があれば、人々のすべての行動はどのような危険に当面することになるかも知れないし、そしてまた、これら

の行動は、幾らか混乱と無力とに陥ることになるであろうからである。」〔同二二八頁〕〔邦訳四九頁〕

トクヴィルはついには次のように書きつけている。

「人は完全な宗教的独立とともに、完全な政治的自由を同時にもつことには、到底耐えられないのである。人間がもし信仰をもたないならば、彼は隷従せねばならない。そしてまた人間が自由であるならば、彼は信じなければならない。わたくしはそのように考えざるをえないのである。」〔同二二九頁〕〔邦訳五三頁〕

トクヴィルは直ちに宗教が「合衆国における第一の政治制度」であることに気づき、政治的なものの宗教的次元といういきわめて重要な問題を提起し、宗教的なるものが持ちうる反全体主義的効果を明るみに出した。彼は「市民宗教」研究への道を開いたのであり、近代と宗教が見事に共存している社会を観察することにより、近代化と宗教的なるものの衰退のあいだに相関関係を設定する人びとすべてに対して、前もって答えていたのである。(1)

(1) 参考文献第一章【8】、【9】を参照のこと。

Ⅲ　エミール・デュルケム（一八五八〜一九一七年）とフランス社会学派

デュルケムは、その『社会学的方法の基準』（一八九五年）に則って、宗教について、一つの定義を提案することで、宗教現象の科学的研究の領域を画定しようとする。その定義は、デュルケムやその弟子たちが聖概念を徐々に練りあげていった結果、聖と俗の区別に結びつくことになる。

「知られている宗教的信念は、単純であれ、複雑であれ、すべて同じ共通した特質を示している。すなわち、人びとが表象する実有上または理念上の事物を二つの等級、相反した二つの属に分類することを予想している。これは一般には、俗（profane）と聖（sacré）との単語が充分に訳出している明分された二つの用語で指示されている。」（E・デュルケム『宗教生活の原初形態』（一九一二年）、PUF，カドリージュ叢書、一九八五年、五〇頁）〔邦訳：『宗教生活の原初形態』（上）、岩波文庫、七二頁〕

しかし聖なるものによって宗教を定義してみても、一八九九年の時点でデュルケムがなおもそう考えていたように、〔宗教の定義という〕その問題はさらなる問題を誘発するだけではなかろうか。いま述べた二つの観念〔宗教と聖なるもの〕は交換可能なものなのであろうか。この問題は今でもなお宗教社会学を悩ませている。デュルケム自身は、聖なるものの普遍性というテーゼを支持し、聖なるものをかなり形式的に定義することによって、宗教と聖なるものは等価であると考えるようになる。

「聖物とは、禁止が保護し孤立させる物である。俗物とは、この禁止の適用された聖物から離れたままでいなければならない物である。宗教的信念とは、聖物の性質およびこの聖物が相互に、あるいは俗物と保つ関係を表わす表象である。終わりに、儀礼とは、人が聖物に対してどのように振る舞うべきかを規定した行為の規準である。」〔同五六頁〕〔邦訳七七頁〕

デュルケムは、聖なるものを実体的に定義するのでなく、以上のように、それを俗との対立によって特徴づける。F＝A・イザンベールとともに、[1]デュルケムにおいては「宗教の特徴を示すのは、まずは聖なるものそれ自体ではなく、それと俗との対立、構造的と形容できるような、その対立なのである」と言っておこう。宗教とは、どのような仕方であれ、ありふれた物や日常生活に対して隔たりを導入するものである。宗教を構成しているのは、それが指示するもう一つの実在——彼岸、超経験的、メタ経験的な要素といったどのような形態をとろうと——である以上に、それが生みだす差異であって、何かを俗でないものとする、その力なのである。デュルケムが宗教を「超自然」や「神」観念によって定義することを拒むのも当然なのだ。

（1）参考文献第一章【10】二三六頁。

聖なるものの経験としての宗教は、また共同体の経験からも切り離されえない。宗教はいくつもの集団を生みだす。それは、直ちに集団に関わるものなのである。デュルケムによれば、それこそが宗教を呪術から区別する当のものである。そこから宗教は次のように定義される。

「宗教とは、神聖すなわち分離され禁止された事物と関連する信念と行事との連帯的な体系、教会と呼ばれる同じ道徳的共同社会に、これに帰依するすべての者を結合させる信念と行事である。」〔同六五頁〕〔邦訳八六〜八七頁〕

その語彙は時代を感じさせる。デュルケムのアプローチは聖なるものを、超越的なものとなった集合感情として考える聖理論のなかに位置づけられるものである。宗教とは実体化された集合感情であり、社会はその構成員に、依存と尊敬の感情を吹きこむ。〔こうして〕社会が宗教を生みだすのだ。宗教的なるものを社会の本質的次元とし（「社会という観念は宗教の核心である。」）、また社会の紐帯を表現し、強化する宗教の力を強調することで、デュルケムは間違いなく宗教的なるものの、一つの重要な機能を強調している。つまりその社会統合機能、社会秩序保証機能を、である。だが彼のアプローチは、それとは反対の側面を、つまり社会解体の要因としての宗教、異議申し立ての器としての宗教を説明しない。宗教的信仰はどれも現世の抗議を伝えるものでもあるのだ。その際、抗議は世俗内的な形を取ることもあるし、世俗外的な形を取ることもあり、すなわちそれは現状に対する積極的闘争として現われることがあり、また現世から逃避するという集団または個人の態度（前者の場合にはもう一つの社会の実現であり、後者の場合には神秘家というあり方となる）として現われることがある。

デュルケム的アプローチの限界は、それが社会集団（氏族）と宗教集団（トーテム宗教〔社会が種々の集団に分かれていて、ある集団が特定の種の動植物あるいは他の事物と特殊な関係があるとする信仰。その特定種をトーテムという。〕）とが完全に重なり合い、一体化しているような社会の分析を出発点としているという点に由来する。そのような場合には、宗教社会は市民社会からまったく区別されない。ところで、ヨアヒム・ワッハ（一八九八〜一九五五年）が見事に示したように、自然的・社会集団の、宗教集団からの分化ということは、考察の対象とすべき重要な特性なのである。だが、デュルケム的アプローチの限界は、またその力でもある。実際、宗教が集団のアイデンティティーを表明する重要な要素であるような例は枚挙にいとまがない。たとえばイランにおけるイスラム教シーア派、ポーランドにおけるカトリック、ギリシアにおけるギリシア正教、スウェーデンにおけるルター派などがそうである。あたかも国民感情をしっかりと証することが宗教的次元なしでは成立しえないかのようである。フランスのような政教分離が徹底した国においてすら、集合感情の表現方法に関するカトリック的想像物の影響力の大きさには驚くばかりである。だからデュルケム的問題設定は、社会が「聖なる天蓋」（P・バーガー）のもとに、実にさりげなくではあっても、入りこもうとする、その傾向について考えさせようとするものであって、まるで聖なるものが覆う世界に偶然的な社会秩序を書きこむ必要があるということが明らかなことであるかのようである。R・N・ベラーによれば、そもそもデュルケムその人が「第三共和制という市民宗教の偉大な司祭であり、神学者であった[1]」のだ。

（1）参考文献第一章【11】一〇頁。

デュルケム的アプローチのもう一つの長所は、宗教感情の動的側面を強調していることである。デュルケムにとって、宗教とは一つの力、行為を可能にする一つの力である。

「自己の神と交通している信徒は、ただ、無信心者が知らない新たな真理をみる人であるだけではない。彼はそれ以上に為し能う人である。彼は生存の苦難に耐えることであれ、または、これを克服することであれ、みずからのうちにより多くの力を感じる。彼はあたかも人間的悲惨を超えて高められている。みずからの人間的条件の彼方へと高められているからである。なおまた、彼が悪をどのような形態のもとで考えているにもせよ、彼は悪から救い出されていると信じている。あらゆる信仰の第一の信条は、信仰による救済に対する信念である。」（同五九五頁）（『宗教生活の原初形態』（下）、岩波文庫、三二三〜三二四頁）

「宗教が行動であ」り、信仰が何より「行為への弾み」であるのなら、ただちに、なぜデュルケムが科学は宗教を消し去ってしまうには無力であると考えていたのか、その理由がいっそうよく理解される。科学は、認識における宗教の機能を減じるものであり、宗教がさまざまな認識の企てを引き受けようと主張するときには異議を唱える。しかし科学といえども現実を否定することはできないのであって、人間が宗教的信仰という弾みによって動かされ、行為しつづけることを妨げることはできないのである。

以上が、宗教へのデュルケム的アプローチの持つ逆説である。一方で、それは宗教を社会的なものへと還元してしまうように見えるのだが、他方では、社会というものが集合感情を聖なるものとすることによってのみ存続しうると考えることで、社会的なものを宗教的なものに連れ戻してしまうように見えるのである。デュルケムにとっての最重要問題は、まさに個人主義と有機的連帯（分業）を特徴とする近代社会がいかにしてコンセンサスと社会的凝集を生みだしうるのか、という問題であった。このフランスの偉大な社会学者は人格の聖性を強調することで、それに答えるであろう。彼は一九一四年に「人間たちが共通に愛し、尊ぶことができるようなものは、もはや人間以外には残っていない」と書きつけている。デュルケムには、人格を神聖なものとすることが「近代社会の人間たちの結合を可能にする唯一の道徳的確信」[1]であるように思われるのである。彼はこうしてまさに今日的な論争に加わることになる。つまり多元的民主主義国家における社会的紐帯とその倫理的基礎に関する論争であって、そのような社会ではどのようにして「人権の神聖性を宗教に拠らずに保証するのか」[2]ということが問われているのである。

(1) 参考文献第一章【12】四五頁。
(2) 参考文献第一章【13】一二四頁。

いわゆるフランス社会学派を形成したデュルケムの弟子のなかには、宗教現象に関心を寄せた人びともいた。なかでもとくに、**マルセル・モース**（一八七二〜一九五〇年）——デュルケムの甥であり、その『宗教生活の原初形態』の結論のいくつかを先取りし、彼の思想の彫琢に貢献することになる人物——、**アンリ・ユベール**（一八七二〜一九二七年）、**ガストン・リシャール**（一八六〇〜一九四五年）の名前を挙げることができる。

マルセル・モース(1)は、デュルケム学派のなかで練りあげられた聖の一般理論を受け継ぎながら、聖概念が特定文化を超えて持つ射程を否定することで、それを相対化した。聖概念はセム族〔ユダヤ教、キリスト教、イスラームを生んだ古代の一大血縁民族〕の宗教の研究にしか適用できない概念であって、聖と俗という二分法的区別を通してはとらえにくい宗教、とくに中国の諸宗教の研究に用いることはできないのである。(モースはマルセル・グラネの研究を参照している)。モースは聖概念よりマナ概念〔オセアニア起源の、超自然的、神秘的な力を示す言葉。なお本書三二頁参照〕を好んで用いたが、それは後者がより広い射程を持っているように思われたからである。彼はまた社会現象の共時的アプローチを重視することによって、デュルケムが採用した発生論的見方を弱めたのだった。『社会学年報』の「宗教社会学」部門の責任者であったモースは、一九〇二年に宗教現象を四つの項目へ分類することを提唱した。その項目とは、①表象、②実践、③宗教組織、④体系であるが、この体系という項目はそれぞれが一つの全体である個々の宗教のなかで、表象、実践そして組織がいかに連関しあっているか、その様態を示すはずのものなのである。モースの業績のなかでわれわれにとってとくに意義深いものは、未完のままに残された祈りについての示唆に満ちた研究(一九〇九年)であって、そこでは「聖とされている事物を対象とする、効力のある伝統的行為」という儀礼の定義から、祈りが「聖なる事物を直接の対象とする、口誦的な宗教儀礼」として特定されている。彼がユベールとともに著わした『供犠の本質と機能についての試論(2)』

は、数多くの民族学的研究の着想の源となり、デュルケム学派内で聖概念が彫琢されていく過程の重要な一段階を記すものとなった。ユベールとモースは、供犠を「犠牲を仲介として聖なる世界と俗なる世界のあいだの交流を確立することをその本質とする」手続きとして特徴づけることによって、ロバートソン・スミス[(3)]にならって、純粋なものとともに不純なものに関わり、入式儀礼とともに退式儀礼を要請するという、聖なるものの両義性をおおいに強調したのだった。

（1）とくにV・カラディがM・モース著作集第一巻（参考文献第一章【14】）に集め、紹介したテキストを参照。
（2）参考文献第一章【15】参照。
（3）ロバートソン・スミス（一八四六〜九四年）は、イギリスの東洋学者で、儀礼が神話に先行したと主張する神話儀礼派のなかに分類される。おもな著書に『セム族の宗教』（一八八九年）がある（『セム族の宗教』（上・下）〔永橋卓介譯〕、岩波文庫、一九四一年、一九四三年）〔訳注〕。

『呪術理論素描』（一九〇四年）と題されたもう一つの共同研究において、ユベールとモースはとくにマナというメラネシア的概念を研究した。彼らにはこの概念が、宗教的なるものの重要な一側面――すなわち、「社会的感情の状態」を表わす力という側面――を明らかにしているように思われた。この研究が、デュルケムを、その宗教の力動的理論へと、つまり宗教的なるものの源を、社会がその構成員に吹きこむ畏れと尊敬の感情のなかに位置づける宗教理論の構築へと向かわせることになる。

ユベールとモースにとって、「独自な」感情としての宗教感情など存在しない。「宗教感情など存在しない。

ただ宗教――それには実在、儀礼、表象が含まれる――を生みだし、またそれを対象とするような普通の感情が存在するだけである。経済感情あるいは科学技術感情という言葉を用いないように、宗教感情という言葉も用いるべきではない。どの社会的活動にも、普通の情念や感情が結びついているのである」[1]。この記述は重要である。なぜなら、それは宗教的なるものを感情へ還元することの拒否の表明だからである。とはいえ、宗教が感情によって「も」表現されるという事実を考慮しなくてよいというわけではない、とわれわれは考えている。

（1）参考文献第一章【16】三八～三九頁参照。

アンリ・ユベールは、モースと同様に、宗教史家でありながら、また宗教社会学者でもあった。シャントピ・ド・ラ・ソーセの『宗教史教本』の仏訳版に寄せた「序」のなかで、ユベールは、宗教に関する「フランス社会学派」のさまざまな寄与を紹介しているが、それは宗教についてのデュルケムの見解を初めて総括したものとなっている。聖理論への寄与――この序では宗教が「聖なるものの管理」と定義されている――のほかに、ユベールは、彼が「民衆宗教」と呼ぶものにとくに注目している。彼によれば、それは統一性があるのかないのかわからないようなもので、より秩序だった宗教体系とはっきりと区別される、緩く、漠然とした体系として定義されるものである。こうして、彼はドイツ「民俗学《フォルクスクンデ》」の寄与を認めつつ、民衆宗教に関する論争の口火を切ったのだった。

ユベールは、弟子のシュテファン・ツァルノウスキーの研究書『英雄崇拝とその社会的条件——アイルランドの国民的英雄としての聖パトリック——』（一九〇九年）への、本質を衝いた序文を著わして、彼自身が民衆宗教の諸現象の分析に貢献したのだった。彼はそこで、英雄をトーテムと聖人に比較している。またユベールは時間表象に関する研究（一九〇五年）のなかで宗教的時間の特性を取りだそうと試みた。宗教的時間とは、量的というより質的な時間であり、それによってまた聖なるものへの参与も実現し、さらにこの時間に構造を与えている重要な日付によってそれ自体が聖なるものとなる、そのような時間である。(1)

（1）参考文献第一章【17】一八三〜二一二頁。

ガストン・リシャールは、『社会学年報』グループから袂を分かった人物であり、デュルケムによる宗教の分析にとくに批判的な人だった。(1)彼がデュルケムを非難するのは、デュルケムが宗教感情を社会感情と同一視し、いくつかの独断的な主張によって宗教感情を包括的に説明すると言い張って、形而上学の領域にまで踏みこんでしまっている点である。リシャールは、社会の神格化というテーゼは「おそらく大胆な一つの仮説にすぎない」と考えているのである。このテーゼは神義論という問題を組み入れることができない。しかし、宗教は悪の問題への一つの回答であると見なすリシャールにとっては、この問題こそが本質的な問題なのである。デュルケムの宗教社会学が師範学校で教えられるようになるとき、リシャールはこの社会学がその対象〔である社会〕に対して中立性を欠くものだと非難する人びとのなかに加わり、政教分離の諸原理を厳格に尊重することを求めるであろう。

(1) とくに参考文献第一章【18】参照。

Ⅳ　ゲオルク・ジンメル（一八五八〜一九一八年）と敬虔の社会学

ジンメルが宗教を取りあげるのは、彼の社会学の中心的対象である相互行為の類型研究の一環としてである。ジンメルの社会学は、社会はそれ自体として存在するものではなく、一人ひとりの人間のおびただしい数の相互作用から構成されるものであると考えるものであり[1]、この点で、ジンメルはデュルケムと根本的に対立している。彼が、デュルケムほど宗教に関する著作を残さなかったのが事実だとしても、一九〇六年の宗教論や彼の作品中に散見される宗教に関する記述を見れば、彼の社会学的見地を宗教研究に応用することで何が得られるのか、知ることができる[2]。ジンメルは社会的相互作用の形式をその内容から厳密に区別しており、その社会学は社会化の諸形式を研究する「形式に関する」学問である。それゆえ、宗教は社会的相互作用の一形式として現われるのであり、その形式は現実のなかではあらゆる種類の内容に適用されうるものである。芸術、科学、政治、経済に加えて、宗教的なるものは特殊な、「独自な」一形式を構成するのであって、それは歴史のなかでさまざまな姿を取りうるものなのである。

(1) ジンメルの社会学に関しては、参考文献第一章【19】を参照。
(2) 参考文献第一章【20】一二～四四頁。この論文は、参考文献第一章【21】の仏訳である。

デュルケムとは違って、ジンメルにとって、社会生活は宗教のさまざまな起源のなかの一つにすぎない。自然への関係や「運命」に直面したときの人間の態度は、それとは別の、宗教の内在的起源なのである。ジンメルがとくに主張しているのは、彼が宗教の起源を説明するのではなく、宗教性の諸形式を記述するのだということである。彼には、ここで引用された三つの要素のどれもが宗教をつくりだすためには充分であるとは思われない。というのも、宗教は一つの特別な情感形式——すなわち宗教性——に結びついたものだからである。宗教性とは、人間がそれを通して世界に形を与える大カテゴリーの一つである。ジンメルにとって、「宗教性こそが宗教を生みだす」のであって、その逆ではない。ジンメルは、この形式を、それが受けいれうる内容とは別に把握することを主張するのである。そこから、彼の観点からすると宗教的なるものは、ただちに、通常そのようなものとされているものの彼方に見られることになる。

「親を愛する子どもとその両親との関係、愛国者と祖国との関係、あるいは情熱的なコスモポリタンと人類の関係、労働者と前進のために闘争中の社会階級の関係、あるいは自分の血筋を自覚する貴族と貴族階級との関係、敗者と勝者の関係、あるいはよき兵士と彼が属する軍隊の関係、これらすべての関係とその無限に多様な内容は、それが心に現われるときには共通の普遍的音調を持つことがあり、それこそまさに宗教的音調と呼ばなくてはならないものなのである。(……)主体は、自分より高次の次元におかれると、心のなかに感情の特別な緊張度を、内的関係の特別な優しさと堅固さとを感じる。彼はそれらを人格的かつ内在的な仕方で自分の感情として認める。「われわれが宗教的要素と呼ぶのは、感情的要素であって、それらがこれらの関係の内的であると同時に外的でもある面を、少なくとも部分的に、形成するものである。実際、宗教的であるという事実がこれらの関係にある香りを与えるのだが、この香りがそれらを、単なるエゴイスム、純粋な隷従、純粋に外的な力、あるいは純粋に精神的ですらある力に基づく関係からも区別しているのである。[1]」(G・ジンメル『宗教の社会学』、一九六四年、二二頁)

(1) 参考文献第一章【20】(なお、翻訳にあたっては、参考文献第一章【21】であげた邦訳四六〜四八頁を参照した)。

宗教性が一つの特殊なカテゴリーであるからこそ、あらゆるものが宗教的に見られうるのであって、それはあらゆるものが芸術的な観点から考察されうるのと同様である（ジンメルは芸術と宗教のあいだでいくつか、興味深い比較を行なっている）。あらゆるものが宗教的に見られうるからといって、そのもの自体が宗教的であるというわけではないのである。宗教性とは、結局のところ、現実について、いくつも存在する見方のなかの一つであり、それを通して「生の全体性」が固有の言語で表現される一形式なのである。当然、そのどの形式も、たとえば芸術もまた「生の全体性」を表現するものである。それゆえジンメルは、宗教を「独自な」現象として認めてはいるが、宗教に他の諸形式に対する優越的な地位を認めないのである。ジンメルにとって宗教性は、とりわけ特殊な情調的感情であって、彼はそれを「敬虔」という言葉で指示している。

「人はおそらく、この特別な情調的な精神様態をたいていの場合、敬虔と呼ぶことができる。敬虔とは魂の一つの情調であって、この情調はそれが特殊な形式へと投影されるとき、宗教へと姿を変える。ここで、「敬虔 pietas」という言葉が神に対するのと同様、人間に対する敬虔な態度をも意味していることに注意すべきである。敬虔は、ほとんど流動的な段階にある宗教性であって、必ず、神に対する振舞いという安定的な形式へと、言い換えると宗教へと結晶するようなものではない。[1]」（同二四頁）

（1）参考文献第一章【20】〔なお翻訳にあたっては、参考文献第一章【21】であげた邦訳四八頁を参照した〕。

それゆえ、人は宗教を持たずとも敬虔でありうるのであって、それは芸術作品を持たずとも芸術家たりうるのと同様である。換言すると、敬虔への傾向は具現するための対象を見出さず、潜勢状態に留まっていることがありうる。しかし、状況次第ではまた、宗教的でない対象へと向けられることも可能なものなのである。

宗教社会学にとって、ジンメルのアプローチの長所は、宗教から宗教性への視点の移動と敬虔のいかなる顕れも必ず宗教を生みだすわけではないというその主張にある。そのような見方は、今日《こんにち》の宗教的なるものの流動性〔第三章参照〕を説明するために、また宗教的なるものの社会学的定義という難題〔第四章参照〕を解き明かすために役立ちうる。ジャン・セギーが指摘したように[1]、宗教の領域における分業と司祭の叙階儀礼に関するジンメルの記述も、同様にきわめて興味深いものである。ジンメルが「むしろ聖職者の叙階こそが、それが与える精神と、それが委譲する仕事のための特別な資格を産みだす」と記すとき、彼は「官職カリスマ」というウェーバー的概念に迫っているのである。

（1）参考文献第一章【22】九頁参照。

V　マックス・ウェーバー（一八六四〜一九二〇年）とカリスマの社会学

マックス・ウェーバーにとって、宗教とは「ある特殊な共同体行為」であって、その条件と結果を研究することこそが問題である。宗教活動固有の領域は、人間と「超自然的」権能との関係を調整することからなる領域である。ウェーバーはそのように言うのであるが、〔『宗教社会学』〕冒頭に掲げた宗教現象の定義においては明らかにきわめて慎重な態度を保っている。とりわけ宗教的なるものの本質については、みずからの見解を明らかにしようとしない。だが、ただちに彼は重大な帰結を孕む重要な記述を二つ記している。

①「宗教的ないし呪術的要因によって動機づけられた行為の最も原初的な形態は、現世へ向けられたものである。宗教ないし呪術によって規定された行為は、『地上で幸福になり、長寿をまっとうするために』（『申命記』四─四〇）遂行されるべきである」[1]。これは、宗教的言説そのものから充分に距離を取らず、宗教的関心と彼岸への関心を同一視するような理論的見地すべてに対する、重大な転換である。ウェーバーにとって、宗教というものは、とにかく彼岸──それがいかなる形であれ──に準拠せざるをえな

いような場合ですら、此岸に関わるものなのである。

（1）参考文献第一章【23】四二九頁参照〔邦訳三頁〕。

②ウェーバーが行なった第二の断絶は、彼が宗教と非合理的なものを同一視することを拒んだことである。「宗教あるいは呪術を動機とする行為は、少なくとも相対的な意味では合理的な行為である」（『宗教社会学』冒頭）。

ウェーバーがもたらした重要な寄与の一つは、合理性にはさまざまなタイプがあり、宗教の合理化そのものが、近代が出現するに際して、本質的な役割を果たしたということを示していることであろう。ウェーバーのアプローチは、宗教と近代の対立の帰結としての文化的ドグマを問い直すということをその特徴としている。この特徴こそが、マルクス主義思想が戦後の一般社会学へ及ぼした多大な影響とフランス宗教社会学におけるカトリシスムの実証的社会学の重みを考え合わせるとき、おそらくウェーバーの宗教社会学がフランスにおいて、なかなか受け入れられず、しかもゆっくりと受容されていった理由を説明するものである。[1]

（1）フランス社会学によるウェーバーの受容に関しては、参考文献第一章【24】参照。

ウェーバーにおいて宗教へのアプローチとしてとくに興味深いのは、「教権制団体」と「救済財」という概念である。前者は人びとへの特殊な支配様態が働いている集団である。実際、ウェーバーはその宗教社会学を支配の社会学のなかに組み入れている。彼は宗教権力の行使の諸様態にとりわけ着目しているのである。

「教権制団体という概念の決定的な特徴をなしているのは、その概念が手に入れる希望を抱かせる霊的財——それが現世の財であろうと彼方における財であろうと、外的な財であろうと内的な財であろうと——そのような財の本質ではない。それはこれらの財を分配することが人びとを霊的に支配することの基礎になりうるという事実である。」

「ある特殊な共同体行為」、人間への支配の一形態。ウェーバーは初めから社会現象としての宗教が持つ、二つの主たる特徴に注意している。すなわち、宗教が生みだす社会的紐帯とその権力様態である。そしてウェーバーの宗教社会学はまさに「宗教的共同体関係（religiose Vergemeineschaftung）」の諸類型と宗教的権威の諸類型を明らかにせんとするものなのである。

宗教的共同体関係の諸類型は、とりわけ宗教の二つの社会的存在様態の区別、すなわち「キルヘ（チャーチ）」と「ゼクテ（セクト）」という周知の区別によるものである。前者、つまり「キルヘ」は、あらゆる者に開かれた、官僚制的な救済制度であって、そこでは司祭という官職の権威が行使される。教会はそれを包括する社会と密接な共生関係にある。後者、つまり「ゼクテ」は、それを取り巻く社会との断絶が程度の差はあれ明らかな、信者たちの自発的な結合の形である。そのような結びつきを支配するのは、カリスマ型の宗教的権威である。

人は生まれながらにして「キルへ」のメンバーであるが、自発的に「ゼクテ」のメンバーとなる。ウェーバーのアプローチにおいては、「キルへ」と「ゼクテ」は理念型であって、つまりは研究用に練りあげられたモデルである。それらは現実世界に純粋な形では存在していないが、経験的現実の研究にとって有益な準拠枠なのである。プロテスタント神学者にして社会学者でもあったエルンスト・トレルチ（一八六五〜一九二三年）が、友人であったウェーバーの類型論を仕上げることになる。彼は「神秘家」という類型を付け加えるのだが、その特徴は、客観的な信仰形態あるいは崇拝形態とは隔たった直接的な個人的経験に、また霊的な親和性による個人的な繋がりに価値を置く、非常に緩やかな結びつき（彼は「浮動集団」という言葉を用いている）にある。[1]

（1）参考文献第一章【25】を参照。フランス語では、参考文献第一章【26】を参照のこと。

宗教的権威の類型に関しては、ウェーバーはそれらを、社会生活における権力正当化の諸形態を明らかにすることから造型している。つまり、ここでもまたウェーバーによる宗教の分析は、一般社会学の概念装置から彫琢されているのである。ウェーバーによれば、権力は合法的に、伝統的に、あるいはカリスマ的に正当化されうる。権力の合法的正当化は、行政的権威に、つまり規則と職能の有効性への信に立脚する非人格的な権威に対応している。伝統に基礎を持つ権力のほうは、慣習の有効性、職能の伝統的伝承（たとえば世襲的な仕方での伝承）の正当性への信に立脚する。カリスマ的権威はどうかというと、それは個人的権力の類型そのものである。なぜならその正当性はある個人に認められるオーラに依拠しているからである。宗教の領域では、権力正当化のこの三つの様態は、「祭司」、「呪術師」、「預言者」という理念型を規定している。「祭司」は、官僚制化した救済企業とでも言うべきもののなかで行使される、宗教の職能的権威である。「呪術師」とは、ある伝統の真正な保持者の技量を認める支持者のあいだで行使される宗教的権威である。「預言者」とは、啓示に基づいて世に認められる人物の個人的な宗教的権威であって、預言者はこの啓示を利用するのである（それゆえ、非合理的な預言者支配の原理は「……と記されあるも、われ汝らに告げん」と表される[1]）。

（1）M・ウェーバー『支配の社会学Ⅰ』（世良晃志郎訳）、創文社、一九六〇年、四八頁、また同『宗教社会学論集』（大塚久雄／生松敬三訳）、みすず書房、一九七二年、八七頁参照〔訳注〕。

制度的権威である「祭司」類型は、定義上、宗教的なるものを日常的に管理し、連綿と続く、その連続性を保証するものであるのに対し、「預言者」類型のカリスマ的権威はこの日常的な管理のなかに、ある裂け目をもたらすものである。ウェーバーがとくに研究したのは、預言者的権威という個人的権力の伝承が提起する諸問題であった。伝承されていくなかでカリスマは習慣的なものとなり、預言者集団の第二、第三世代になると、その制度化過程が始まるのである。

宗教的権威の類型論は、もちろん、慎重に用いなければならないものである。しかしこの類型論のおかげで多くのことを発見することができるのであって、それを参照する宗教社会学者は多い。その類型論をより精緻なものとすることは可能であり、事実、ヨアヒム・ワッハは九つの類型を区別するにいたった[1]。それは、宗教の創唱者、改革者、預言者、先覚者、呪術師、占い師、聖者、司祭、修道士、この九つである。このように類型を増やすことが有益であるのは、たとえば、預言者は新しい宗教を創唱する者ではないというような事実があるからである。また、宗教的権威の任意のタイプ（ラビ、イマームなど）に対する、ウェーバー的類型の妥当性を評価することもできるし、またミシェル・メスランとその共同研究者たちが行なったように[2]、さまざまな宗教的伝統における師弟関係の多様な形態を研究することも可能になる。確かに、この類型論がありとあらゆる宗教に当てはまるものであるのかどうか、定かではないところがある。だから、われわれはプロテスタントの牧師に看取できる、際立った合理性に基づくイデオロギー的権威の重要な役割を強調して、説教者—学者という一類型を作り上げ、要するにウェーバー的類型論に学者という類型をつけ加えることになったのである[3]。

（1）参考文献第一章【27】二八九〜三四一頁。

（2）参考文献第一章【28】参照。
（3）参考文献第一章【29】六一～七二頁。

ウェーバーの名が、名著の誉れ高い『プロテスタンティズムの倫理と資本主義の精神』[1]（一九〇五年）によってとくに知られているのだとしても、以上の記述が示すことは、彼の、宗教社会学への寄与が、この、ピューリタン的プロテスタンティズムのエートス〔心的態度〕と特定の経済合理性の発展のあいだに存在する結びつきの分析に尽きるものではない、ということである。そもそもこの著作は、ウェーバーが経済と宗教の繋がりについて展開した分析の総体、つまり儒教、道教、ヒンズー教、仏教、また古代ユダヤ教を取りあげて、これらの宗教的信仰の経済的影響を示す分析の総体のなかに位置づけられねばならないものなのだ[2]。

（1）参考文献第一章【30】参照。
（2）参考文献第一章【31】に集められた諸研究。フランス語では参考文献第一章【30】【32】、【33】、【34】参照。

ウェーバーにとって、問題は、プロテスタンティズムが資本主義を生みだしたのだということではなく、あるタイプのプロテスタンティズム――本質的には十七、十八世紀のピューリタン的カルヴィニスム――と企業精神との親和性を示すことである。ピューリタンは、救済は人間の努力（業）によって手にしうるようなものではなく、ただ神一人がその計りしれない摂理のなかで配分するものであると確信し、〔救いに関して〕司祭と教会の仲介を拒否したのだが、自分が救われるか否かという問題には強い関心を持っている。それゆえ、彼は現世での成功を、とりわけみずからの企業の発展を、神の祝福の徴として、自分が確かに救いに選ばれたものの側にいるということを証明する証拠として解釈するだろう。富を増やすために規則正しく、方法に従って働くことは、一つの召命《ベルーフ》である。神は、富を享受し、享楽に憩うために富を蓄積することではなく、労働に献げられた禁欲的生活を送ることを命じているのである。ウェーバーによれば、そのような精神状態が資本主義的蓄積と合理的経済の発展に有利に働いたのだった。事実、合理性こそが西欧型の資本主義と他の資本主義形態とを区別するものである。労働を宗教上の義務と考えること、現世内で禁欲を実践すること、また合理的に振る舞うこと、これらがピューリタン的「エートス」の要素であり、それ以外の要因に加えて、西欧型資本主義の発展を促進したものである。すべてを単一の原因から説明することはウェーバーの嫌うところであるので、彼は、ある型の経済行為が出現するときに働く物質的要因の重要性を否定はしない。だが、以上で見たように、彼が見事に示しているのは、そこでの文化的要因とりわけ宗教的要因の重みなのである。(1)

（1）ウェーバーのこの研究が巻き起こした論争に関しては、参考文献第一章【36】を参照。

VI　さまざまな機能主義

デュルケムは、オーストラリアのアボリジニのトーテム宗教がその氏族の集合感情を持続させ、その社会的凝集を維持する機能を持っていることを説明するとき、宗教の機能主義的アプローチを展開している。このアプローチは宗教の社会的慣習を分析し、宗教の実践と信仰が果たす社会的機能を明らかにするものである。機能主義は、B・マリノウスキー（一八八四〜一九四二年）とA・ラドクリフ・ブラウン（一八八一〜一九五五年）によって人類学に、またT・パーソンズ（一九〇二〜一九八〇年）とR・K・マートンによって、社会学――とくにアメリカの社会学に――しっかりと刻みつけられた。そこでもまた宗教現象の社会学的分析が全体社会の分析の一部であるとともに、一般的な理論的枠組みの構成要素であることが認められる。マートンもパーソンズも宗教社会学を展開したのではなかった。彼らは、全体社会システムの分析のなかに宗教を位置づけている。彼らは、まさに社会システムのさまざまな要素を説明したいと思っているからこそ、みずからの社会分析のなかで宗教にある特定の位置づけを与えるのである。しかし宗教社会学者のなかには、アメリカの社会学者J・ミルトン・インガーのように、必ずしも機能主義の特定の創始者の理論を継承しているというわけではないが、機能主義的志向を持った研究者として位置づけられる者もいる。

R・K・マートンは、緩和的機能主義に与《くみ》する研究者として、徹底的機能主義の本質的要請とそれらが宗教の分析にもたらす帰結とを見事に暴いた。[1] その要請とは以下のようにまとめられる。〔まず〕社会の機能的統一という要請であり、それによれば、社会的実践や社会的信念はすべて社会システム全体の機能に寄与するものである。また普遍的機能主義の要請であり、それによれば、そのような社会的実践や信念はすべて、社会へ適合しなければならないという必要に応えて、社会のなかで積極的な機能を果たすものである。どの社会的慣習も社会に本質的な機能を果たしているということになれば、進化論的図式のなかに身を置いて、そのような慣習のいくつかを〔古い慣習の〕残存物として解釈することはもはや問題にならないことになる。さらに必要性の要請であって、それによれば、観察される社会的実践や信念は、社会の存続そのものにとって必要不可欠なものである。

(1) 参考文献第一章【37】参照。

ただちに気づくことは、そのような解釈パラダイムを通すと、社会は何より統合され、安定した全体として立ち現われるということである。このパラダイムは、そもそも変化より秩序を重視するものだから、社会現象へアプローチするにあたっては、さまざまな断絶や衝突を組みいれることが難しいという点にその難があることになろう。それが宗教現象の研究に応用されると、宗教の統合的機能を一方的に強調し、マートンの言葉によれば、「あるタイプの社会構造のなかではそれが果たすこともある統合解消機能」には目をつぶることになるだろう。そのうえ、徹底的機能主義の観点からすると、宗教が社会維持にとって本質的な機能を果たしているのであれば、それはどんな社会構造のなかでも必要不可欠な要素であることになってしまう。

「超越者や超自然的実体への信仰をまったく清算してしまうほど完全に世俗化した社会はない。世俗的な社会でさえ、窮極的価値の統合や、その儀礼的表現や、失望、災厄、死などに直面して必要な情緒的調整のために、何らかの体系がなければならない。」〔K・デイヴィスとW・E・ムーア[1]〕

(1) 参考文献第一章【36】仏訳七六頁〔邦訳二五頁〕にある引用。

マートンはこのような徹底的機能主義とその宗教現象の分析を批判して、宗教の領域における緊張関係や対立関係――それらは宗教集団と全体社会の関係におけるものでも、また宗教集団間の、また宗教集団内の関係におけるものでもある――を考慮する必要性を強調する。彼は、主観的動機づけと客観的機能を区別するように促し、機能不全・顕在機能・潜在機能・機能的等価物といった概念を導入し、創造的予言（自己成就的予言）と破壊的予言（自己破壊的予言）と名づけられる現象を分析することで、機能分析の概念装置を目を見張るほど充実させ、この装置が宗教を分析するときに、どれほど豊かな成果をもたらすものか、明らかにしたのであった。

インガーは宗教を「さまざまな機能を遂行しようとするある種の努力として」定義する。より正確な形では「人間集団がそれによって人間の生のこうした究極的諸問題と闘うところの、信念と実践の体系」と定義している。(1) この視点からすると、宗教は人間本性の構成要素として考えられる。宗教は、人間の条件に結びついた、さまざまな必要に応えるものであり、したがって（儀礼としての寄り添いや、苦しみや死を扱うことといった）変わることのない機能を果たすものであることになる。

（1）参考文献第一章【37】仏訳一七頁〔邦訳二六頁〕。

以上のようなアプローチは、宗教は幻想にすぎないとする合理主義的アプローチとは正反対の人間学的前提に基づいている。あらゆる人間が宗教を必要としているということを認める機能主義的アプローチによれば、無宗教というあり方を考えることはほとんど不可能であり、無宗教のさまざまな形態はただちに宗教の機能的等価物として、あるいは擬似宗教として解釈されてしまうのである。それでも、このような機能主義的アプローチの要請は宗教の終焉の要請ほど不都合なものではない。というのも後者の要請は、最終的にその対象が消失してしまうという仮説に影響されて、ますます宗教現象の還元主義的アプローチを進めようとするからである。

パーソンズは「構造機能主義」という言葉を用いていたが、みずからの理論を機能構造主義と規定するドイツの社会学者ニクラス・ルーマン（一九二七年〜）が展開している分析は、機能主義の伝統のなかにこそ、位置づけられなければならない。古典的社会学者と同様、ルーマンは、宗教が社会理論の中心テーマの一つであって、社会に対して「枢要であると同時に非常に特殊な機能」を果たすものだと考えている。四〇冊を超える膨大な著作のなかで、ルーマンが独自の宗教分析を展開しているのは、一九七七年に出版された『宗教の機能』と題された一書においてである。パーソンズと同じく、ルーマンも機能分化が社会進化、とくにグローバルな社会へ向かう進化の基本的な動力であると考える。社会は、こうして、それぞれが自律的機能を持った、多様な下位システム——科学、家族、政治、宗教など——から構成されているのである。どの下位システムも社会システム全体の上に立つことはなく、その統合を保証するものではない。宗教はそのような下位システムのなかにあって、一人ひとりの人間に対して一定の機能を果たすものである。だがルーマンによれば、宗教は、特殊な象徴的下位システムであって、その機能は世界を一つの全体として考え、偶然性を支配するという点にある。宗教は、機能分化が進行した結果、断片化してしまった社会を、一人ひとりの人間が「解釈」のレベルで主観的に統御することを可能にするものなのである。

ルーマンの見方からすると、宗教とは社会という世界が一つの全体である「かのように」生きることを可能にするものであると言うことができる。宗教が個々の人間に対してこのような機能を果たすことができるのは、まさにそれが他の象徴的システムとは異なるものであるからこそである。ルーマンによれば、だから宗教は社会にとって枢要な意味を持っているのであり、宗教が一つの全体としての世界へと関わっていくものであるからには、その社会的機能を果たすことができるのは、ただそれが〔世界に対する〕超越的準拠に留まっている場合だけである。こうしてルーマンは宗教の内からの世俗化、たとえば、西欧のキリスト教が世俗的ヒューマニズムへと進化していく諸形態を批判することになるのである。[1]

（1）参考文献第一章【38】参照。

第二章　教派的宗教社会学から宗教社会学へ

宗教社会学が一般社会学という土壌の上に芽吹いたのだとしても、その出現を助長した別の土壌もある。宗教の現場そのもの、もっと正確に言うとキリスト教諸教会がそれである。だが、宗教社会学にとって、この土壌がいかに肥沃なものであったかということを検討する前に、一般社会学の生成そのものにおいて、キリスト教という環境が果たした無視しえない役割を思い起こしておく必要がある。

アメリカでは牧師たちが一般社会学の誕生に積極的な役割を担った。驚くべきことに一八六五年から一九一五年までの期間に「社会的福音」運動[1]と社会学が同時的に発展したという事実が確認されるのである[2]。その源泉はどうであれ、社会正義のために戦おうする戦闘的な動機が実際に〔彼らを〕社会学へと引き寄せたのであった。ジョアン・エイルブロンの指摘するところでは、一九四六年にパリで設立された社会学研究センターに最初に所属した一二人の研究者のうち、「五人は共産党員であり、また極左集団と関係のあるものもいたし、さらにはカトリック左派グループに結びついていた者もいた」[3]。もっとも、宗教者たちが社会学へ関心を持つとき、彼らは宗教社会学ではなく一般社会学へと向かうこともできた。社会学的研究を遂行する際に、いくつかの点で、自分が帰属する集団より、他の集団を対象とするほうが行ないやすいということがあるからである。そうではあっても、彼らのなかに宗教という現実そのものへと社会学的眼差しを向ける者がいないわけではなかった。あるいは司牧上の関心から、あるいはこの比較的新しい宗教現象の捉え方に興味をもって、社会学的に宗教に接近する者がいたのである。

（1）社会の改革によって、すべての人に救いをもたらそうとする運動で、十九世紀から二十世紀の初めにかけてアメリカで盛んになった〔訳注〕。

（2）参考文献第二章【1】七二一～八六四頁と【2】七三九～七四六頁。

（3）参考文献第二章【3】三七〇頁。

大学における宗教社会学の展開は、今では古典となっている諸研究を生んだ。ここでは主要なものに言及しておこう。L・ポープによる『職工と説教者』（一九四二年）。これは、ノース・カロライナにおける労働界とキリスト教諸派との関係の研究であり、とくに十九世紀末から二十世紀初頭にかけてのペンテコステ派[1]の展開を分析したものである。K・W・アンダーウッドがニュー・イングランドのある工業都市での教派間関係を研究した『プロテスタントとカトリック』（一九五七年）。ニューオリンズのノートルダム大学ジョセフ・F・フィヒターの『南部小教区』（一九五一年）、『職業としての宗教』（一九六一年）。

ポール・M・ハリソンの、自由教会の伝統における権力の研究である『自由教会の伝統における権威と権力』（一九六一年）。そして、デトロイト圏での宗教という要因の影響を研究したゲアハルト・レンスキの『宗教的要因』（一九六一年）。

（1）二十世紀初頭に誕生し、世界的な影響力をもつようになったキリスト教の一派。三位一体の位格の一つである聖霊の働きを重視し、とくに異言を伴う聖霊のバプテスマの体験を救いの証と見なすことを特徴とする。一九八〇年以降、アジア、ラテン・アメリカ、アフリカなどで著しく成長した〔訳注〕。

（2）国家から独立した教会のことであり、とりわけ十九世紀以降のアメリカで発展した宗教的・道徳的な自発的結社の原型でもある。その限りで、自由教会は民主主義社会の基礎体力でもあった〔訳注〕。

神学者のH・リチャード・ニーバー（『デノミネーショナリズムの社会的起源』一九二九年）の衣鉢を継いだ者たちは、とくに宗教集団内での社会分化過程に注目した。ウェーバーは「貧者の教会」、「中流階級の教会」、「移民たちの教会」を検討対象としているが、彼らはこうして、とくに宗教における社会階級区分の再生産の問題を通して、宗教社会学における古典的テーマの一つ、つまり宗教集団と全体社会の関係というテーマに取り組んでいたのである。N・J・デメラス三世も『アメリカのプロテスタンティズムにおける社会階級』（一九六五年）において、北アメリカのプロテスタント諸教派の社会的輪郭を描くであろう。同時に、ニーバーは、デノミネーションという中間類型を提起して、チャーチ・セクト類型論の問題の展開に一役買ったのだった。この類型は、他の研究者が「自由教会」と呼ぶものに似た類型であるが、セクト的傾向を持った教会、あるいは社会のなかに定着したセクトに対応するもので、とくにアメリカのような宗教的多元主義が顕著な社会に特徴的なものである。

（1）参考文献第二章【4】参照。

I ガブリエル・ル・ブラとカトリシスムの社会学

フランスでは、デュルケムと彼の追随者たちの先駆的な業績ののち、法学者ガブリエル・ル・ブラ（一八九一～一九七〇年）の影響を受けてカトリシスムの社会学が発展したことにより、決定的な一歩が踏みだされた。ル・ブラの目的は「教会法が適用されるキリスト教徒としてのフランス国民を知ること」であった。パリ大学法学部と高等研究院宗教学部門で教授として教会法史とキリスト教制度史の教鞭を執っていたル・ブラは、一九三一年に『フランス教会史研究（Revue d'histoire de l'Eglise de France）』誌上に二五頁にわたる質問表を公開し、「フランス各地方でのカトリシスムの現状を詳細に検討し、歴史的な説明を与える」ために、フランス国民の具体的な宗教的実践を調査するというアイデアを提起したのだった。彼にとって問題は、「国民の宗教」、「生きられている宗教」を可能な限り正確な仕方で知ることであった。でもどのようにして？　教会制度が規定している実践の、一つ一つの具体的な振舞いを測り、その程度や様態に応じた信者類型を作りあげることによって、である。この呼びかけは第二次大戦後、カトリック教会にとって信者の教会離れが問題化した時期に大きな反響を巻き起こした（一九四三年の、H・ゴダンとY・ダニエル両神父による『フランスは布教が必要な国か』参照）。実際にフランスやヨーロッパ諸国では一九五〇年代、六〇年代になって数多くの調査が実施された。ル・ブラ学部長の主導的な問題提起が、確かに戦後のカトリシスムにはっきりと認められる司牧上の関心と結びついたのである。しかしそれでもそれは「国民の宗教」に関心を寄せるものであったからこそ、ある世代の研究者たちをまとめてカトリック宗教社会学に目覚めさせようとしていたのだった。彼らは、司牧上の関心や教会の見方に対して研究の自律性を強めていきながら、「師」ル・ブラが描いた視界を少しずつ拡大していくだろう。G・ル・ブラを中心として、H・デロッシュ、F＝A・イザンベール、J・メートル、E・プーラからなる、CNRS（フランス国立科学研究センター）の「宗教社会学グループ」が一九五四年に設立されたということはそのような出来事であった。この研究グループのために選ばれた名称それ自体[1]があらゆる宗教を研究対象とするという意志をはっきりと示していた。

（1）宗教社会学の「宗教」にはフランス語では総称を表わす定冠詞の複数形が付されている。そこにはこの社会学の対象がありとあらゆる宗教であることが含意されている〔訳注〕。

ル・ブラは四つの類型から構成される類型論を作りあげた。[1] すなわち「教会外の人（あるいは分離派）」、「特定のときだけ教会に合わせる人（つまり生涯の重要な時期の印となる通過儀礼——洗礼、初めての聖体拝領、結婚、埋葬——のために教会に行く人）」、「定期的に教会に通う人（日曜日のミサに通い、復活祭のときに告白し、聖体を拝領する人）」、「篤信者（宗教的活動家）」の四つの類型が区別されたのである。他方で、ル・ブラは「メッセ（messés）」と「メサリザン（messalisants）」という用語を用いて、重要な主日にはきちんとミサに出席する人と定期的にミサに通う習慣を持つ人びととを区別したのだった。

（1）参考文献第二章【5】参照。

次に述べる数々の宗教実践調査は、それによってフランスの宗教地理学が確立されることになったものである。一九四七年に、司教座聖堂参事会員フェルナン・ブラール（一八九八〜一九七七年）の尽力で、フランス農村部の初めての宗教地図が出版された。ついで、一九六八年には、F・ブラールとジャン・レミがフランス都市部の宗教地図を作成した。ブラール参事会員は数多くの資料を残したが、F＝A・イザンベールとJ・P・テルノワールは、CNRSでの研究のなかで、それらを活用し、そこから『フランスにおけるカトリック信者の宗教実践地図』（一九八〇年）を作成した。J・R・ベルトランとC・ミュレが、フランスにおけるカトリック信者の地理学的研究を世に出した（『カトリック信者はどこへ行ったのか？ フランスにおけるカトリック信者の地理学』二〇〇二年）。F・ブラールが収集した資料は、以上の研究とは別に、歴史家たちの研究チームによって『フランス国民の宗教史資料』というタイトルで出版された。ここで言及した諸研究は、フランス人の宗教的実践に認められる著しい地域差とそのような宗教地理の歴史的な深みを示したという点で、多大な貢献をなしたものである。

G・ル・ブラが、宗教的実践の具体的様態を通して研究したのは、「実践する信者たちの文明」である。宗教的実践というものは確かに、それ以外の諸要素（地理的、社会的、歴史的など）の従属変数として考察されてきたが、またそれ自体がさまざまな社会的影響（地理的景観、労働、家族、衛生などへの影響）をもたらす独立変数としても考察の対象だったわけである。G・ル・ブラは、宗教生活のこの指標〔宗教的実践〕の体系的研究が内包している格別の豊饒さを示す一方で、ある国民の宗教的活力の研究がその実践の分析に尽くされてしまうようなものではないこと、たとえその分析が実践する信者たちの数の明細に限定されず、さまざまな実践様態（たとえば何歳のときに洗礼を受けさせるかといった様態）の研究まで含むものであったとしても、それに還元されてしまうようなものでないことを完全に意識していた。ル・ブラは一九四五年の時点から「宗教的実践はある国民、ある教区、ある個人の宗教的活力のすべてを明らかにすることなどけっしてできない」と記していたのである[1]。事実、彼は〔宗教的実践だけでなく〕宗教集団とそれを取り巻く社会が取り結ぶ諸関係のあらゆる面に、場所、建物、人、集団などを通して現われるその姿に関心を寄せるであろう（彼の遺著である『教会と農村』、一九七六年、参照）。

（1） 参考文献第二章【5】第二巻五六一頁。

そういうわけで、ル・ブラ流のカトリシスムの社会学は、社会における宗教的実践の記述に留まるものではない。ル・ブラの関心はより広範に及ぶものであった。彼は宗教界と全体社会の接点のすべてに関心をよせ、全体社会が、どれほど非宗教的であることを主張しようと、事実としての宗教を無視することはできず、みずからの存在のほうを変えていかねばならなかったということを示したのである。カトリシスムの社会学は、そもそもル・ブラ自身がそのように誘《いざな》っていたように、宗教的実践の研究を遥かに超えてしまったのであった。しかし、この社会学がさまざまな国で発展することになったのは、宗教的実践についての見事な業績を起点とし、またそのようなアプローチが内包している豊かさを徹底的に探求することによってであった。われわれはとくにジャン・レミとリリアンヌ・ヴォワィエ（彼女は一九七三年に『宗教的行為の社会学――ベルギーにおける日曜日の宗教的実践の分析』を出版した）のいるベルギー、そしてS・ブルガラッシ（『イタリア人の宗教的行為』一九六八年）、P・G・グラッソ、そしてA・グルメリの先駆的業績を擁するイタリアに言及しておこう。ジュアン・エストリュッシュの説明にあるように(1)、スペインにおいてもまた、当初は、カトリシスムの司牧上の関心に結びつき、F・ブラールとG・ル・ブラによって切り開かれた見方に影響を受けたカトリック宗教社会学が際立っていた。カトリシスムを対象とする社会学者たちが近年、とりわけ熱心に研究しているのは、カトリック世界の解体と再構築のありようである。その代表的業績としては、とくに、J・パラールの『宗教権力と社会空間――有機的組織としてのボルドー教区』（一九八五年）、『カトリック教会の統治――教区会議と権力の行使』（一九九七年）、D・エルヴュー＝レジェの『カトリシスム――一つの世界の終焉』（二〇〇三年）、Ph・ポルティエの『二十世紀フランスにおける教会と政治』（一九九四年）がある。さらにJ・ボードワンが編集した『〈宗教〉多元性に挑まれるフランスのカトリック運動――爆発的に広まった戦闘的活動をめぐる調査』（二〇〇二年）も挙げることができよう。

（1）参考文献第二章【6】四二七〜四三八頁。

Ⅱ　CNRSの「宗教社会学グループ」の登場

フランスにおいては、「宗教社会学グループ」[1]が、カトリシスムの社会学を展開する一方で、同時に他の宗教世界へ目を向け、さまざまな「古典的」社会学者の考えを参照しながら、宗教現象に応用される学としての社会学の位置づけとそれが用いるべき方法について考察した。H・デロッシュ（一九一四〜九四年）の関心は、ただちに、セクトの非順応主義、「非合法的宗教」（一九七四年に公刊された一連の研究に与えられたタイトルによる)、そしてさまざまなメシアニスムに向かった。彼の研究としては、『アメリカのシェイカー教徒——新キリスト教から前社会主義へ』(一九五五年)、メシアニスムに関する『人間の神々——紀元後のメシアニスムと千年王国論事典』(一九六九年)、社会的・宗教的なユートピア思想に関する研究(彼にはサン・シモン、オーウェン、フーリエについての研究がある)。また社会主義思想と宗教が取り結ぶ諸関係に関する『マルクス主義と宗教』(一九六二年)、『社会主義と宗教社会学』(一九六五年)があるが、これらは想像的表象の社会学への決定的な貢献となった業績である。H・デロッシュは、メシア待望の想像力が単に社会によって限定されているだけでなく、同様に社会を限定するものでもあること、またこの想像力が(新たな系譜を基礎づけ、神話的過去を参照する記憶、そして来たるべき現実のほうがいまの現実よりリアリティーを持っている未来観、この二つを結びつけることで)、現在に働きかけ、それを変容させることによって、社会を変える力であるということを示したのだが、こうして「カトリック宗教社会学」の領野を著しく広げ、マルクス主義との建設的対話を可能にしたのだった。[2] F=A・イザンベールは、初期の作品のなかで、カトリシスムと労働界との関係を研究し(『キリスト教と労働者階級』、一九六一年)、社会学の起源となったいくつかの現象を分析した(『炭焼き党からサン・シモン主義へ』(一九六六年)、『ビュッシェあるいは社会学が神学だった時代』[3](一九六七年))。続いて、ル・ブラの遺産とデュルケムのそれを批判的に結びつけ、儀礼の分析を展開し(『儀礼と象徴の力』、一九七九年)、「聖」概念と「民衆宗教」概念の社会的かつ知的生成の問題をとりあげる（一九八二年に『聖なるものの意味──祭りと民衆宗教』としてまとめられた諸研究）。彼はとくにカトリックの葬送儀礼の変容を分析することから、研究者たちの注意を「キリスト教の内的世俗化」過程に引きつけることになるが、彼自身はさらに専門的に倫理の社会学へと没頭していく（『宗教から倫理へ』、一九九二年）。J・メートルは、とくに在俗聖職者の進化を研究する（『田舎の近代化に直面する農村司祭』（一九六七年）、またJ・ポテルとP・ユオ＝プルルーとの共著『フランスの聖職者』（一九六七年）参照）。その一方で、彼は宗教社会学における数学的方法の利用について反省していた（『宗教社会学と数学的方法』、一九七二年）。ついで、精神分析学の成果を社会学に採りいれながら、神秘家の生に関心を向けた（一九九三年から九五年までに著わした四冊の臨床的モノグラフィーに続く『神秘主義と女性性──社会史的精神分析学の試み』、パリ、セルフ社、一九九七年参照）。E・プーラが展開した仕事はカトリシスムの歴史社会学に献げられたものだったが、その中心はカトリック教会と近代世界が結ぶ諸関係の深層分析にあった。彼の著作は、近代主義がもたらした危機の研究（『近代主義的危機における歴史、教義、批判』、一九六二年）から、〔近代という体制に〕妥協しないカトリシスムの分析（とくに『保守十全主義（アンテグリスム）と完全なカトリシスム』（一九六九年）と『ブルジョワジーに対抗する教会──現代のカトリシスムの生成入門』（一九七七年）を参照のこと）を介して、労働司祭の研究（『労働司祭の誕生』、一九六五年）までカヴァーしているが、そのような仕事全体が証明しているのは、カトリシスムの生成を精確に理解するためには、その伝統と教会システムに固有の論理を、またカトリック世界の特徴をなす特殊な緊張関係を考慮しなければならないということである。プーラは十九世紀と二十世紀に見られる「支配的ブルジョワジー、カトリック教会の制度、社会主義運動」の複雑な相互作用を分析するだろう。この三者はいずれも実践上の現実に直面し、それぞれなりに、教義の面で非妥協的な態度を保持しつづけることの限界に遭遇しているのである。

(1)「宗教社会学グループ」の登場に関しては、参考文献第二章【7】三～九二頁の論文を参照。
(2) パリのカルマン=レヴィ社より一九七三年に公刊された、『希望の社会学(Sociologie de l'espérance)』が、彼の著作へのすばらしい導入となる。
(3) ビュッシェ(一七九六～一八八五年)、フランスの哲学者・政治家。最初、サン・シモンの理論の支持者であったが、のちにキリスト教的社会主義の創設者の一人となった〔訳注〕。

ジャン・セギーは、一九六〇年に「宗教社会学グループ」に加わり、プロテスタントのセクト世界の研究に身を投じ(『現代フランスにおけるプロテスタント諸セクト』、一九五六年)、『フランスの再洗礼派――メノナイト派会衆』(一九七七年)に記念碑的な社会史的研究を献げた。またさまざまなエキュメニズム運動にも着目した(『協同体的ユートピアとエキュメニズム。ピーター・コルネリッツ・プロクオイ・ヴァン・ツーリック=ゼー(Pieter Cornelisz Plockhoy van Zurik-Zee)、一六二〇～一七〇〇年』(一九六八年)、『衝突する対話』(一九七三年))。しかし、ウェーバーとトレルチがもたらした理論上の寄与からけっして目を離さないこともまた、

J・セギーの貢献なのであって、彼に感化されて数多くの若い研究者がこの二人のドイツ人社会学者に関心を持つようになったのである（『キリスト教と社会――エルンスト・トレルチの社会学入門』、一九八〇年）。彼は、さまざまな論文、とりわけ歴史社会学に関する諸研究（たとえばL＝M・グリニョン・ド・モンフォールに関する研究）を通して、カリスマについて社会学的反省をさらに深めていくだろう。

カトリシスムの社会学の拡大と深化、[1] セクトとメシア待望論へ向けられた関心、宗教社会学の先駆者たちに関する理論的研究、そしてドイツ型宗教社会学のフランスへの導入。CNRSの「宗教社会学グループ」に集まったル・ブラの後継者たちがもたらした本質的な寄与はこのようにまとめられるだろう。

（1）一九六一年以来、「宗教社会学グループ」のメンバーであるS・ボネはカトリシスムを地方レベルで研究することになる。彼の見事な研究『ロレーヌ地方の政治的・宗教的社会学』（参考文献第二章【8】）を参照。

ドリ・バンシモンとジャック・グートヴィルトによるユダヤ教に関する研究、またジャン＝ピエール・ドゥコンシの実験社会心理学的研究が出て、「宗教社会学グループ」はその研究の地平を拡大していく。その地平は単にキリスト教諸教派の彼方へと拡大していくだけでなく（研究対象の地平の拡大）、さらに（社会心理学や人類学へ開かれることで）さまざまな学問のアプローチ方法を採用することによっても拡がっているのである（研究方法の学際化）。

III　プロテスタンティズムの社会学――その最初の歩み

カトリシスムと同様に、近代社会の脅威に直面しているプロテスタンティズムにおいてもまた、牧会上の関心と社会学的研究は互いに影響しあった。われわれはすでに、アメリカでは宗教社会学がプロテスタントの社会派キリスト教（「社会の福音」）と密接に結びついて登場したことに言及した。ヨーロッパでは、かなり遅れて、一九六〇年代になってはじめて、プロテスタンティスムの社会学に関するさまざまな業績が現われた。その結果として、また、教会内で研究体制が制度的に整備され、具体的な形を取るようにもなったのだった（たとえば、ハノーバーに設置されたドイツ・ルター派教会の「教会社会学研究所」）。フランスでは、F＝G・ドレイフュスの研究を筆頭に[1]、マイノリティーとしてのフランス・プロテスタントという認識を社会人口統計学的に確立するのに貢献した研究がいくつか現われた。

(1) F＝G・ドレイフュスは、A・クトロともに、フランスにおける諸宗教の位置づけとその役割についての、非常に有益な対照表を作成することになる。参考文献第二章【9】参照。

プロテスタントの社会学がなにより強い関心を寄せたのは、その歴史に対してであった[1]。たとえばE

＝G・レオナールは、記念碑的著作である『プロテスタンティスム全史』（全三巻、一九六一〜一九六四年）において、プロテスタンティスムの豊かな多様性とともに、そのアイデンティティーをなしている歴史的記憶の重要性を強調した。彼がこの重要性を強調したのは、とりわけ少数派のプロテスタント諸派のケースだが、彼らは人口的にも文化的にもその生き残りに不安を感じている人びとであった。E＝G・レオナールが、その社会史的かつ社会心理学的研究のなかで把握しようとしたのは、彼の著作の一つに与えられた題名が示しているとおり（『フランスのプロテスタント』、一九五五年）、「フランスのプロテスタント」の特殊性であった。彼がこだわるのは、〔次の言葉に明らかなとおり〕教義である。「ただ『信者』の数を数えることだけに専心している者は誰であれ、宗教改革のさまざまな立場を正確に知っている必要がある」[2]。E＝G・レオナールは、少数派であるうえに、一人ひとりの人間の行動を重視するような宗教〔プロテスタンティスム〕を研究する方法として歴史社会学と心理学を強調することで、社会学の数量的研究が全盛の時代にあって、その重要性を相対化したのである。

（1）参考文献第二章【10】一〇一一〜一〇三三頁。
（2）参考文献第二章【11】一二八頁。

個人と教会制度の関係、聖職者の状況、聖職者と在俗信者の協力関係（その役割分担）といった諸問題を主たる分析対象としたさまざまな研究がある。スイスでは、ロラン・J・カンピッシュ（『都市化と宗教生活』、一九六八年）やクリスチャン・ラリーヴ・デピネ（『宗教・社会力学・従属関係――アルゼンチンとチリにおけるプロテスタント運動』、一九七五年）といった社会学者たちはプロテスタントの特殊性をよく知りながらも、その分析を〔宗教社会学を飛び越して〕一足飛びに一般社会学の一環として位置づけるであろう。「教会社会学」はドイツで発展したが、この国では諸教会がみずからの状況をより正確に見定め、とりわけ「教会離れ」現象をいっそう明確にしようとして種々の研究を主導したのだった。たとえば、ドイツ福音教会が一九七二年に実施した大規模な調査がその参考になる（その結果は一九七四年に『教会はどれほど安定しているのか？』というタイトルで出版された）。その調査は一九八二年にも再度実施されている（『教会から何が生まれるのか』、一九八四年）。ドイツ社会学は理論面で偉大な伝統を擁していたものの、宗教社会学の分野に関しては「教会社会学」の権威がなおも重きをなしていたのである（トマス・ルックマンはそのことを一九六三年に『近代社会における宗教の問題――制度・人間・世界観』のなかで告発することになる）[1]。

さらに近年になり、プロテスタンティスムの社会学は二つの方向へ展開した。一方は、プロテスタントの脆弱さに関する反省を展開していくという方向であり[2]、他方は、福音派プロテスタンティスムやペンテコステ派プロテスタンティスムの影響力を分析するという方向である[3]。

（1）ドイツにおける宗教社会学の発展については、参考文献第二章【12】参照。
（2）参考文献第二章【13】、【14】参照。

(3) 参考文献第二章【15】、【16】、【17】参照。

Ⅳ 礼拝への参加と数量化

礼拝への参加は絶対的指標としてではないが、数多くの研究で用いられる指標であり続けるだろう。そもそも大がかりな世論調査で用いられるカテゴリーは、ル・ブラによる元々の類型化とまったく無関係なものというわけではない。

それゆえ、フランスでは次のように区別されているのである。すなわち、週に少なくとも一度はミサに通う「日曜ごとの実践者」、月に一、二度ミサにあずかる「月ごとの実践者」、年に数回、重要な祝日にミサに参加する「臨時の実践者」、冠婚葬祭のときを除いて、ミサにあずかることのない「非実践者」、「無宗教の者」、「他宗教の信者」である。以上のようなカテゴリー分類を見て気づくことは、用語が変わっていることの他には、「他宗教の信者」というカテゴリーが付加されていることと〔ル・ブラの〕「定期的な実践者〔定期的に教会に通う信者〕」という類型が拡大されていることであろう。「定期的な実践者」は今や「日曜ごとの実践者」だけではなく、一九七〇年からは「月ごとの実践者」をも指示しているのである。これは、実践者をいくつかのカテゴリーに分類するということだけに関しても、社会と宗教の全体進化とそれが具体的な振舞いの社会的了解へ及ぼす影響とを考慮しなければならないということの証左である。

礼拝への参加を、ある国民の宗教的活力を測るための特権的な指標として一貫して用いる際には、宗教社会学におけるこの指標の適格性が問題になる。同様にそれは宗教社会学における数量化の適切性という、さらに一般的な問題を提起してもいる。[1] この指標に主たる重要性が与えられるのは、ル・ブラの観点からすると、明らかにローマ・カトリック教会ではミサ参加が教会法上の義務であるからである。プロテスタンティスムや英国国教会のようなキリスト教他教派やユダヤ教やイスラームのような他宗教は、文化的儀礼へ定期的に参加することにそれほど重要な役割を与えてはいない。プロテスタンティスムの社会学者たちは、宗教的活力の指標としての礼拝への参加の重要性を相対化することで、自分たちのアプローチをル・ブラ流アプローチから差異化することになった。プロテスタント神学では、礼拝式への参加はまったく義務的なものではないので、プロテスタント諸集団を社会学的に分析する際には、その点を考慮しなければならなかったというわけだ。プロテスタント教会における礼拝への出席率がカトリック教会のそれより低いということはつねに明らかな事実なのである。カトリシスムに関してでさえ、その信者の宗教的活力をただこの宗教制度上の掟にのみ基づいて測ることの是非が問われなければならない。

実際、社会学者の役割は、よいカトリック信者とそうでない信者とを見分けることではない。そうではなく、ローマ教皇庁から見てそれが正統的なあり方であろうがなかろうが、カトリック信者のさまざまなありようを研究することこそが社会学者の仕事なのである。カトリック的宗教文化は、どの宗教文化もそうであるように、さまざまな緊張関係を生きており、また多くのあり方を含んでいるのである。

（1） 参考文献第二章【18】参照。

そうだとしても、礼拝への参加に指標としての価値をまったく認めないことは逆の行きすぎであることになろう。もっとも、護教のためといって、この実践の指標価値をやみくもに否定しさろうとする人もいるかもしれない。だからこそ指標の数を増やし、宗教への関与を測る別の基準に対して、礼拝への参加がどのように位置づけられるのかを見なくてはならないのである。ギィ・ミシュラが宗教に対する態度に段階を設けることで巧みに示したことは、カトリシスムにおいては、実践のレベルと信仰のレベルのあいだに強い相関関係があるということだった。「信仰のレベルが上がると同時的に実践のレベルも上昇する」のである。[1]

（1） 参考文献第二章【19】三七三頁。

もしそうであるのなら、カトリシスムの社会学において、礼拝への参加を宗教的活力の指標として今後も用いていくことが正当化される。しかしだからといって宗教行動の変化とそれに相関する社会的認知の変化——いかなる振舞いを社会が宗教的と認知するのかという社会的認知の変化——を勘案できなくなるわけではない。この意味で、「定期的にミサに通う信者」というカテゴリーを「月に一、二度ミサに出席する信者」にまで拡大することは、実践の社会文化的文脈が変化している以上、適切なことのように思われる（ミサに出席することは、社会のマジョリティーがそれを実践しているという環境のなかでは社会的に行なわれる振舞いであるが、それが社会的マイノリティーの実践であるという環境においては、たとえ月に一度のペースであったとしても、より個人的な振舞いなのである）。

宗教生活を数量的に測ることが適切か否かという点について言っておくと、それは一筋縄ではいかない問題である。何を数量化するのか。それをいかに数量化するのか。数量化したものをどのように解釈するのか。礼拝に赴く、あるいは赴かないという事実は、その客観性のゆえに、それほど困難を伴わずに数量化される。それに比べて、信念の領域がはるかに数量化されにくいということは明らかである。なぜなら、信念を測定する場合には、何らかの前提があって成立している社会的相互作用が関わってくるからである。

『あなたは神が存在していると信じていますか？』とか『イエス・キリストは神の子だったのでしょうか？』といった質問のように、表面的には『簡単な』問題は、ふつうの『個人の考え方の問題』

ではない。というのもそれらの問題は、それを問われた者たちが通常は集団の儀式のなかでのみ表明されるような信条について、個人として態度決定せざるをえなくするようなものであって、そのような儀式において教義への信奉は、直ちに個人を超えたこととしてあるからである。[1]」

(1) 参考文献第二章【20】二六二頁。

イギリスの社会学者が言及している二つの例が、信念を測るという任務の難しさを見事に明らかにしている。ディヴィは次のような問答を引用している。「あなたは地球上の出来事の流れを変えることができるような神を信じていますか?」「いいえ。ただ普通の神を信じています[1]」。またアハーンは次のような答えを引いている。「私はクリスマスを心から信じています[2]」。ここから見て取ることができるのは、それぞれの人間が特定の社会的・宗教的世界と取り結ぶ関係の複雑さそのものであり、それゆえ、その数量化にはさまざまな困難が伴うということである。[3]

(1) 参考文献第二章【21】三九五頁。
(2) 参考文献第二章【22】八〇頁。
(3) この問題に関しては、またJ・シュテによる世論調査の批判的分析も参照されよう。参考文献第二章【23】参照。

数量化は国民の宗教的活力の分析を可能にするものなのだから、どの程度それが意識されているのかは別にして、進歩または衰退という表現で宗教生活を表象することを可能にするものでもある。そのような表象は宗教を評価しようとする見方（とくに聖職者や宗教的活動家たちの見方。彼らはいつでも「信者たち」の冷めた、あるいは抑制された宗教への関わり方では充分ではないと思うのであって、それこそが〔彼らの活動の〕ライトモチーフなのだ）にあまりにも近すぎて――かといってそれと混同されることはないのだけれど――、かえって扱いにくいものではある。しかし他方で、数量化は、それがもたらす客観化によって、これこれの事実を針小棒大に言う、宗教に関するあまたの言説をうまく相対化することを可能にするものでもある。ヨーロッパに根を下ろしたイスラム教徒の宗教的実践を数量化して測定してみると、彼らの実践率の低さが明らかになるので、このような測定は彼らの炸裂する宗教性という社会的イメージを相対化することになるのである。（何年かのちに同様の調査を繰り返し行なうことで）時間的にも、（異なる国で同じ質問表を用いることで）空間的にも比較を可能にするという事実もまた、このアプローチのさらなる利点となっている。ただし、そのような比較はきわめて複雑な作業であり、またそれには限界もある（「ヨーロッパ価値体系研究グループ」が後援してヨーロッパで企画され、ヨーロッパ諸国の社会学者が解説を加えたアンケートを参照のこと）[1]。

（1）参考文献第二章【24】、【25】、【26】、【27】参照。

宗教はさまざまな実践や信念に還元されてしまうようなものではないのである。一九六二年に、チャールズ・グロックは「宗教性」の五つの次元を区別した[1]。それは、「経験的」次元（霊的生、実際に宗教的と規定される経験）、「儀礼的」次元（遂行された行為、さまざまな実践）、「イデオロギー的」次元（宗教感情ではなく、信念に基づく次元）、「知的」次元（教義や聖典の知識）、「結果的」次元（個人の宗教経験、宗教的実践、宗教的信仰が、生のさまざまな領域にもたらす結果）、この五つの次元である。

（1）参考文献第二章【28】C・Y・グロック／R・スターク『緊張関係にある宗教と社会』、一八～三八頁。

このような宗教性への多次元的アプローチに異議を唱える人はきわめて多いのではあるが、このアプローチには、研究される宗教世界ごとに、これらの次元それぞれがそこで占めている位置づけを、相対化して考察することができるという利点がある。たとえば、儀礼的次元は儒教においては中心的な次元であるのに、プロテスタンティスムにおいては周縁的な次元である。それに対して、プロテスタンティスムにおいて中心的な次元である神学的次元は、儒教においては周縁的なものなのである。[1] キリスト教の内部ですら、儀礼的次元は、プロテスタンティスムより東方正教会やカトリシスムにおいて、より重要な次元であるということがある。ところが、われわれは宗教性を測ろうとして、調査表のなかに当該宗教集団の正しい教義や正しい実践という基準を入れてしまい、それゆえ、これらの基準にあわせて、ある人びとは他の人びとより宗教的であるという結論を引きだそうとする。それがわれわれの常態なのである。

（1）L・ヴァンデルメルシュは、儒教を「神学を持たない伝統」として語っている。参考文献第二章【29】五八七頁。

Ⅴ　宗教の社会学的研究の国際組織とその脱教派化

研究の国際化が、その特定宗教からの離脱をおおいに助長した。「国際社会学会」の〔宗教社会学を担当する〕第二二研究委員会においてであれ、「フランス語圏社会学者国際連合」の第一二研究委員会においてであれ、専門分野を異にする、さまざまな社会学者たちが相互批判を通じて、徐々にそのアプローチを突き合わせてみるようになった。「国際宗教社会学会（Société internationale de sociologie des religions）」のような学会の歴史[1]はとりわけ意義深いものである。[2]

（1）Société internationale de sociologie des religions, Conférence internationale de sociologie religieuse, Conférence internationale de sociologie des religions の訳しわけについて：後者二つの名称については、すでにそれぞれ「国際宗教的社会学会」、「国際宗教社会学会」という訳が存在している（B・ウィルソン『宗教の社会学』（中野毅／栗原淑江訳）、法政大学出版局、二七頁～二八頁参照）。しかし、本学会の現行の名称、つまりSociété internationale de sociologie des religions に「国際宗教社会学会」という名称をあてるため、それ以前の名称をそれと差異化する必要が生じ、変更せざるを得なかった〔訳注〕。

（2）参考文献第二章【30】一一～一三頁参照。

「宗教的社会学国際会議（Conférence internationale de sociologie religieuse）」（略称ＣＩＳＲ）は、教会参事会

員ジャック・ルクレールによって一九四八年にルーヴァンで設立された。宗教・宗派にとらわれない組織にしたいという、ルクレールの当初の意図にもかかわらず（この学会の誕生を告げる決議は一九四八年に次のように言っていた。「このグループは特定の宗教・宗派のものではない。それは学問としての宗教社会学の諸問題に関心を持つあらゆる人に開かれている。」）、CISRは事実上、当初から、ローマ教会と密接に繋がっている人びとを集めたカトリックの団体であった。プーラの記しているところによれば、[1]この学会が関わるのは、「宗教現象の現われを細大漏らさず扱う、宗教現象の一般社会学でも、その比較社会学でもなく、その範囲を帰属する共同体によって限定された社会学であった。」社会学を司牧の補助的学問と考えていた教会の圧力が強かったのである。社会学は、「宗教生活の社会的条件」についての実証的な知識をもたらしうることから、「聖なる教会へ多大の奉仕すること」がその務めであった（一九四九年の資料）。方法論と調査にこだわり、その関心は「教会と都市世界」や「召命としての聖職」のような問題に集中した（一九五六年にルーヴァンで開催された第五回会議を参照）。CISRは、司牧という制限から徐々に距離をとるようになり、諸宗教の多元性へと開かれようと望んで、結局一九七一年のオパティジャ（クロアチア）での会議で脱教派化を果たすことになる。一九八一年には「宗教社会学国際会議（Conférence internationale de sociologie des religions）」と名称を改め、さらに一九八九年にヘルシンキで「国際宗教社会学会」という名称を採用することになる。

（1）参考文献第二章【30】一七頁。

フランス国内でも、同様の進化が生じ、一九七一年に「カトリック宗教社会学センター」（一九五二年設立）が「フランス宗教社会学会」となり、さまざまな宗教社会を研究する研究者を迎えいれた。（この学会は今日『フランス宗教の社会科学学会』と名乗っている）。研究は研究誌なくしては考えられない。この点でもまたいくつか重要な進歩がある。一九五三年にハーグの「カトリック社会教会学院（KSKI）」によって創刊されたオランダの研究誌を起源とする『ソシアル・コンパス（social compass）』誌は、一九六八年からはルーヴァンで出版されるようになり、徐々にではあるが、『宗教の社会科学アルシーヴ』とともに、宗教社会学の領域でヨーロッパにおける主要な大学研究誌の一つとなっていった。アメリカでは、一九四〇年から六三年まで『アメリカ・カトリック社会学』を出版していた「アメリカ・カトリック社会学会」は、「宗教社会学会」となり、一九六四年から『社会学的分析』誌――現在の『宗教社会学』誌――を出版するようになる。フランスにおいては、一九五六年にCNRSが宗教社会学のための研究誌（『宗教社会学アルシーヴ』）を創刊したことが決定的な進歩であった。そこに掲載される、宗教社会学の古典の翻訳と紹介、実証の領域でも理論の領域でも独創的な研究、非常に充実した文献目録、これらのために、この研究誌はすぐに国際的研究の重要な拠点の一つとなった。一九七七年になって、この雑誌は、それが学際的に開かれていることの印として、名称を『宗教の社会科学アルシーヴ』[1]

へと変えたのだった。イギリスでは、一九八五年から『現代宗教ジャーナル』が出版されている。

(1) 五八頁注(1)と同様、『宗教の社会科学アルシーヴ』の「宗教」には、原語では総称的意味の定冠詞の複数形が付されている〔訳注〕。

第三章　社会学に映る現代の宗教的なるもの

「新宗教運動」、さまざまな形の宗教的過激主義、シンクレティズムとエキュメニズム、多くの国で見られる、宗教、民族アイデンティティー、政治というこの三者の密接な連関、世俗的宗教性、宗教と精神療法の揺れ動く境界、柔軟で実用的な信仰様態（ア・ラ・カルト宗教）への進化、これらが、現在、宗教社会学者がとくに目を止めている現象である。もちろん現代の宗教的なるものはそれらに限られることはないのではあるが。いずれにせよ、それらの現象はどれも、宗教的なるものが社会において——世俗化したとされる社会においてすら——重要なものであり続けているということを示している。ここで指摘した、現代における宗教的なるものの姿は深層で進行中の変化の現われであるが、それを分析しておけば、次章で世俗化の諸理論を問題にすることができるし、また宗教と近代《モダニティ》の関係という問題を改めて考えてみることが可能になるのである。

（1）複数の異なる思想や宗教の構成要素が接触し、習合あるいは融合すること〔訳注〕。

(2) 世界教会主義、教会一致などと訳され、キリスト教のさまざまな教派間、またはキリスト教と他宗教など諸宗教間の対話、協力、一致を目指すエキュメニカル・ムーヴメントの精神および主張を意味する〔訳注〕。

I 「新宗教運動」

社会学者のなかには、西洋社会のただなかへの新しい宗教団体の出現、とくに東洋のさまざまな伝統に依拠している宗教団体の出現に注目した人びとがいた。とくにアイリーン・バーカー[1]、ジェームズ・A・ベックフォード[2]、ブライアン・ウィルソン[3]といったイギリスの社会学者たちがそうだった。彼らはそのような宗教団体に対して「セクト」という用語を用いないほうがいいと考えて、それらを「新宗教運動」と呼んだ。このように名づけるとき、確かに、その名称のそれぞれの要素を問題とすることができる。それは本当に新しい現象なのか？ どうしてそれらを運動と呼ぶのか？ それらはみな、宗教的なるものなのか？ 観察される団体の、あるいはネットワークのそれぞれに対して、これらの問題が問われなければならない。だが「新宗教運動」という表現を、ここ数十年のあいだにいくつかの社会で広がった、さまざまな社会的かつ宗教的な現実からなる多様性に富んだ全体をまとめて指示するために取っておくという手もある。しばしばメディアが大げさに伝えることはあっても、その現象はそれ自体として疑わしいものではありえない。それ以前には知られていなかった集団が、西欧の、また西欧以外の地域の宗教風景のなかに実際に出現したのである。

（1）参考文献第三章【1】、【2】参照。
（2）参考文献第三章【3】、【4】参照。
（3）参考文献第三章【5】参照。

これらの新宗教運動からその重要な特徴をいくつか取りだすことができる。それらは組織と教勢拡大のテクニックに関してしばしば〔情報化しグローバル化する世界のなかで、インターネットなどさまざまな最新の情報技術を駆使して組織を形成し、伸張していくという意味で〕ハイパーモダンである。またそこでは体験が高く評価されている。つまり個々の人間は教義をまるごと信じることより、充足を与えると見なされる叡知を実際に体験するように誘《いざな》われているのである。さらにそこでは宗教的権力は微妙な仕方で行使される。というのも、たとえ勧められる実践がしっかりと決められたものであっても、一人ひとりの人間は自分自身の考えに従いつづけるからである。その宗教の利用者がいわば自分の規則を押しつけているという意味で、それは聖職者の宗教というより平信徒の宗教である。結局のところ、新宗教運動という宗教は、この世を向いた宗教なのである。この意味で、これらの運動は現存の社会秩序を充分に保証するものであり、ある種の異形性を示しながらも支配的な価値に適合している。〔その価値としては〕ケースパイケースで、感情を表現することが重視される場合もあるし、あるいは逆に感情を理性によって統御することが重視される場合もある。これらの運動が織りなすネットワークは国際的なものであり、まさに救済財を扱う多国籍企業をなしている。さまざまな形の信仰が許されていること、参加の仕方もさまざまであること、帰属が固定的でないこと、これらのことがあるグループから別のグループへ移動したり、またグループ間を行ったり来たりするありようを助長している。こうした新宗教運動は、しばしば既存の宗教に対して排他的でないものとして立ち現われるのであり、したがって複数の宗教への帰属を認めるものである。それらは個人、社会、宇宙のあいだの、また霊的なものと物質的なもののあいだの古典的な対立を解消しようとする全体論的（ホーリスティックな）見方を展開する。またおもに健康を重視し、しばしば世俗的な医学に対してもう一つの治療選択肢となると主張するものである。[1]

（1）参考文献第三章【6】二六八〜二八四頁。

ピエール・ブルデューが正しく理解したように[1]、身体を治療していると思っていると魂が癒されており、また魂の治療がいつの間にか身体の治療になっていることがある。だから、これらの運動のなかには宗教運動といっていいものかどうか、逡巡させるようなものもある。さらに、それらの運動の多くは最近になって西欧社会に出現したものなのだが、根本的に新しい運動はほとんどない。アフリカやアジア、またラテン・アメリカ文化圏へ目を向けてみれば、現在、目にしているような無数の宗教運動やシンクレティズムが昔から存在しているものであることは一目瞭然である。しかも、宗教的なるものをその最も権威ある形を通してしか見ようとしない習慣があまりにも強すぎた西欧には、そのような形からはみ出たさまざまな宗教が以前から存在していたのである。最後に、新宗教運動のなかには、制度化され、ウェーバーとトレルチの「チャーチ」類型に近い、官僚制的性格がきわめて強い企業となるものもある。それでも、そのような宗教運動が最も先進的な社会に出現するということ自体、近代という時代が宗教のさまざまな革新の舞台であるということを示しているのであって、これらの革新自体に優れて近代的な特徴が含まれているのである。多様な顔を持つ、〔正統的宗教とは異なる〕もう一つの宗教性が、とりわけ西欧諸国において、展開したのだった（ジャン・フランソワ・メイエはスイスを取りあげて、この宗教性の一大パノラマを作成している）[2]。その現象に関してはロシアも例外ではなく、そこには今日、「一九七〇年から八〇年にいたる一〇年間に西欧に現われたあらゆるタイプの新宗教運動」が見出されるのである。[3]

（1）参考文献第三章【7】二五五～二六一頁。
（2）参考文献第三章【8】参照。
（3）参考文献第三章【9】一五五～一七一頁。

Ⅱ 保守十全主義《アンテグリスム》と進歩主義

カトリック保守十全主義、プロテスタント原理主義《ファンダメンタリズム》、ユダヤ教保守派、イスラーム主義運動、仏教正統主義といった宗教的過激主義のさまざまな形態は一九八〇年代に発展した。[1] 過激主義という現象が、程度の差こそあれ、あらゆる宗教に関わるものであるからといって、それを一つの同じ概念――たとえば保守十全主義という概念――のもとに包摂しなければならないのであろうか。おそらくそうではない。というのも、それぞれの宗教的伝統は、固有の論理に即して急進的になっていくのであり、またその急進化の社会的影響は必ずしも同一ではないからである。そうなると、ある場合には保守十全主義という言葉を用い、またある場合にはファンダメンタリズムという言葉を用いることにも意味があることになる。

（1） さまざまな宗教、さまざまな地域における過激主義は以下の文献を参照のこと。参考文献第三章【10】、【11】。

保守十全主義という概念は、社会問題に関する最初の回勅（『レールム・ノヴァールム（新しい問題について）』、一八九一年）が公にされた時代にカトリシスムが経験した危機をその起源とする。それは、カトリシスムの教勢挽回のさまざまな企てが対立しあうという危機であった。あるものは教会を復興し、そのいにしえの特権を取り戻そうとし、またあるものは福音を広めようとさまざまな環境のなかに飛びこんでいったのである（それが「同胞を再びキリスト教徒にしよう」をモットーとする、カトリック・アクション[1]のプログラムであった）。言い換えると、この危機は、エミール・プーラが見事に示したように[2]、カトリックの非妥協的性格の二つの現われ――つまり政治的自由主義と経済的自由主義が具現する近代に根本的に対立するカトリシスムの二つの形――を作動させるものなのである。この「保守十全主義」の第一波は、社会派カトリシスムが示している、社会や政治に開かれた態度を拒否すると同時に、聖典への文献学的また歴史学的アプローチにも反対するであろう。それがアルフレッド・ロワジー[3]の断罪をメルクマールとする「近代主義」論争である（E・プーラの諸研究を参照のこと）。

（1）教会の指導と委任に基づき、聖職者の使徒職を信徒が助ける活動。二十世紀におけるカトリック刷新運動のひとつ〔訳注〕。
（2）参考文献第三章【12】三四三～三五一頁。
（3）一八五七～一九四〇年、フランスの近代主義者・聖書学者。パリのカトリック学院のヘブライ語・旧約学教授となったが、教会の教説への批判的見解により聖書学教授の地位を追われ、のちに学院を追放される。一九〇八年に大著『共観福音書』を著し、教会の伝統に公然と反する見解を述べ、破門された。その後、コレージュ・ド・フランスの宗教史教授を勤めた（一九〇九～三〇年）〔訳注〕。

現代の保守十全主義――むしろ伝統主義を好んで標榜する保守十全主義――がとりわけ力を注いだのは、第二ヴァチカン公会議をどのように解釈するか、という問題である。この運動は、四人の司教を叙階したのち、一九八八年に破門されたルフェーヴル大司教（一九〇五〜九〇年）が一身に体現していたものだが、カトリシスム内に導入されたさまざまな改革や革新に反対し、いにしえの表現形態や典礼形態——つまりピウス五世の典礼に従ったミサ、ピウス十世のカテキスム（それゆえ、トリエント公会議のカテキスム）、聖書の古いフランス語訳——を復興させようと望むものである。それは、以前の表現形式の復興、また司祭の権威とそのアイデンティティーの再確立という点で、宗教変動への一つの反応なのである。

　プロテスタントの宗教的過激主義もまた今日になってはじめて生じたものではない。それに対しては、原理主義《ファンダメンタリズム》という言葉が充てられている。[1]

（1）プロテスタントのファンダメンタリズムに関しては、参考文献第三章【13】の第三章、また【14】二一九〜二二八頁参照。

　この用語は、二十世紀初頭のアメリカで生まれた。当時、プロテスタントのなかに、自由主義と「社会の福音」へ反対したいと思った者が出てきた。そのいずれもが、彼らによれば、キリスト教信仰の基礎それ自体を脅かす思潮であった。彼らはまさに「根本的なもの《ファンダメンタルズ》」と名づけられた叢書を出版して——だから彼らはファンダメンタリストと言われるにふさわしかった——、キリスト教の本質的信仰内容に固執したのだった。このようなプロテスタントたちはとくにダーウィンの進化論的考えに反対したのであり、そのような理論は創造に関する聖書の教えを毀損すると考えていた。

　アメリカでは一九八〇年代に、プロテスタント原理主義者《ファンダメンタリスト》が、生物学的進化論を教えることは学校の宗教的中立性を侵すことになると主張して、公立学校での生物学的進化論教育を禁止しようとしたが、うまくいかなかった。宗教的真理の源としての聖典——いまの場合、それは聖書である——に第一義的重要性を与える宗教的伝統のなかにあっては、原理主義がもたらした論争が聖典解釈の問題をめぐるものであったとしても、何も驚くにはあたらない。カトリックの保守十全主義がかつての〔教会〕制度が定めていた実践の復興を目指しているように、プロテスタント原理主義は、聖書のメッセージに忠実であることにその焦点を合わせているのである。プロテスタント原理主義者は近代社会を拒む伝統主義者ではない。彼らは近代的なコミュニケーション技法を頻繁に用いているばかりか、さらに政治的・経済的自由主義を——もちろんそれをキリスト教的道徳にあわせたうえで——受け入れてもいるのである。彼らが求めているのは、行為者の振舞いの正しさであり、一人ひとりの人間の回心である。彼らは徳——自分たちがそう考えているもの——を再興し、積極的に社会に関わるキリスト教の姿を示すことで社会を道徳化するのだと主張している（それこそが、教育と社会の領域での、彼らの強力な企業精神の源である）。プロテスタント原理主義は、政治的過激主義というより、教義的かつ道徳的な厳格主義なのである。

ユダヤ教世界では、宗教的過激主義は二つの大きな潮流を通して現われている。一方は超正統派であり、他方は宗教的民族主義者たちである。超正統派は近代や社会の世俗化に否定的な態度を取る。彼らは完全なユダヤ教[1]（レジーヌ・アズリア）を、つまり全面的にユダヤ教的様式に従って生活を送ることを、シャバット[2]とかミツヴァ[3]といった伝統的実践を細心の注意を払って尊重する生活を、強く勧める。ある人びとにとって、それは、周囲の社会からの悪影響を避けるために、それから可能な限り離れることを意味するであろう。たとえば、エルサレムの超正統派地区メア・シェアリムに居を据えたナトレイ・カルタ〔聖都の護衛〕共同体の場合がそうである。またルバヴィッチ派[4]信徒のような人びとにとっては、逆に、世俗社会のただなかにいる信者たちをユダヤ教的伝統に連れ戻すために積極的に働きかけることを意味する。イスラエルでは、この傾向が政治のレベルにも現われた。いわゆる宗教政党は国の制度や生活において、宗教法が市民法に対して優位に立つようにすることを目指すものであるが、一九八八年の選挙ではアグーダ・イスラエルのような宗教政党が躍進したのである。他方で、宗教的民族主義者は「大イスラエル」[5]の活動家であって、一九六七年の六日間戦争のときに征服した領土に入植し、二度とそれを手放すまいと主張している人びとである。「グーシュ・エムニーム〔信仰のブロック〕[6]」がこの潮流を代表している。

（1）参考文献第三章【15】四二九〜四四八頁。
（2）ユダヤ教の安息日。毎週金曜日の日没から土曜日の夕方までが安息日となる〔訳注〕。
（3）神の命令・掟〔訳注〕。
（4）ユダヤ教ハシディスムの一派〔訳注〕。
（5）ヨルダン川から地中海まですべてをイスラエルの領土とする、ユダヤ教極右の政治的主張で、その主張に基づいて、ヨルダン川西岸とガザ地区からパレスティナ人を追いだし、ユダヤ人入植地が建設され、イスラエルに併合された〔訳注〕。

（6）過激な宗教的シオニストグループ〔訳注〕。

イスラーム過激主義は、現在のムスリム世界全体のなかで、イスラームの教えに基づき、政治に積極的に関与している一つの思想運動と一致する。

この運動の源になっているのは、ムスリム同胞団（一九二八年に創設された運動）に属していた一人の重要人物である。それはエジプト人サイイド・クトゥブ（一九〇六〜六六年）であるが、彼はナセル体制を徹底的に批判し、一九六六年に絞首刑に処せられることになる。一九五四年から六六年までのあいだに獄中で著わされたその著作は、数多くの過激派にとって参照すべき文献となっている。その書には、ジャーヒリーヤつまり「無明時代」と同定された二十世紀の諸社会の断罪とイスラム国家建設への呼びかけが見出される。それゆえ、それは根本的に腐敗し、偶像崇拝的であると認められた周囲の社会に対する決別のメッセージなのである。イスラーム過激主義のもう一つの系統は、一九二七年にインドで生まれた敬虔派結社、ジャマーア・アッ＝タブリーグ（「イスラーム教普及協会」）である。イスラームがヒンズー社会へ同化していくことによって、そのアイデンティティーを失ってしまわないようにするために、この結社は預言者ムハンマドの導きと振舞いをそっくりそのまま模倣することを勧めたのだった。それは、西アフリカ、南東アジア、そして西欧へと広まり、世界中を席巻した。フランスには一九六〇年代の終わりに定着し、ムスリムの伝統を保持する移民労働者たちのなかにその同調者を見出したのだった。[1]

（1）参考文献第三章【16】参照。

イスラーム過激主義の理解に関して論争になっているのは、とりわけそれに宗教的次元を帰すべきかどうか、という問題である。そこに「宗教的なるものの回帰」を見る者がいる一方で、その本質を社会的・政治的抗議に見る者もいる。フランソワ・ビュルガは、とくに「南からの声」をそこに聞いている(1)。モハメド・アルクーンはといえば、「ムスリムの覚醒」の存在には疑念を抱きつつ、次のように主張するのである。

「固有の民族文化を持っていたのだが、物質主義的な近代によって伝統的構造や伝統的価値から引き離されてしまった社会やグループの避難所、それこそがイスラームである。それはまた宗教的特権によって守られた空間以外の場所では自己を政治的に表現することができない、あらゆる社会的勢力にとっての隠れ家でもある。結局、それは権力を奪取し、競争相手を押しのけたいと思っている人々にとっての「跳躍台」なのだ(2)。」

（1）参考文献第三章【17】参照。
（2）参考文献第三章【18】五〇二頁。

宗教的過激主義のなかには、反―社会の形をとり、全体社会からは多少なりとも逃避したセクト主義的な閉鎖的空間を形づくるものもある。そのように、概して黙示録的次元を持ち、カリスマ的な宗教指導者の周囲に構成されるグループは、宗教史に目をやれば星の数ほどある。それらは、その徹底の度合いに差はあるものの、一応「俗世」を断ち切りながらも、預言のメッセージを解釈し直し、みずからを組織化することによって、どうにかこうにかその環境に適応して生き延びている。なかには「エホバの証人」のように、きわめて官僚制的な組織になるものすらある。[1] そのこととの関連で言っておくと、近年起こった宗教団体の集団自殺は、極端で、非常に珍しいケースではあるにせよ、宗教的過激主義というものがそのメンバーに対する死の権能を手に入れることで、全体主義的になることがあるということを示している。たとえば、その例として一九七八年のギアナでのジム・ジョーンズと人民寺院、[2] 一九九三年テキサス州ワコでのデイヴィッド・コレッシュとカルト教団「ブランチ・ダヴィディアン」、一九九四年にケベックとスイスで五三名の死者を、一九九五年にフランスで一六名の死者を出した太陽寺院の二人の首領リュック・ジュレとジョセフ・ディ・マンブロ、を挙げることができる。

(1) 参考文献第三章【19】を参照。
(2) 参考文献第三章【20】一六七〜一八七頁。

一般的に言って、メシア思想は、現実の秩序を異化することによって、革命的な体制転覆にまで進む可能性のある社会的・政治的な異議申し立てを伝える可能性を秘めたものである。中央ヨーロッパのユダヤ人社会のなかで産みだされた絶対自由主義的ユートピアを研究したミカエル・レーヴィがまったく適切に言っているように、「ある形の宗教は政治的な意味を担うことがあるし、ある形のユートピア社会には宗教的霊性がしみこんでいることがある」のだ[1]。

（1）参考文献第三章【21】二五〇頁。

宗教的過激主義というものは、そのどれもが保守主義や脅かされていると判断される諸価値の擁護へと向かうわけではない。なかには、「進歩主義」と形容してもよいような、宗教と社会的・政治的異議申し立てを結びつける形態もある。その最も重要な例の一つは、ラテン・アメリカでの基礎共同体[1]や「解放の神学」の運動であって、それは一九七〇年代、八〇年代に（とりわけブラジルや中央アメリカにおいて）とくに活発に活動していたものである。実際、それは単に「貧者の優先的選択」〔という原理〕に連動したキリスト教的伝統の読み直しとして生まれた理論や人民大衆を社会的・政治的に解放する視点であるだけでなく、また「教会基礎共同体」により形成される本物の社会運動でもあって、この運動はそこに「聖職者たちのポピュリスム」が読み取られる可能性はあるにせよ、それでも被支配的社会集団が能動的行為者になることを可能にする民衆運動なのである。しかし、ペンテコステ派の教勢拡大についての分析は一つの逆説を明らかにする。解放の神学は、確かに「貧者の優先的選択」をその言説の土台としている。しかし大挙してそのような貧者のもとへ赴くのは〔解放の神学運動ではなく〕ペンテコステ派教会なのである。ペンテコステ運動とともに、われわれは「貧者に対して心を動かすこと」から「貧者の心を動かすこと」へと移行するのである。[1]

（1）参考文献第三章【22】一一頁。

Ⅲ　宗教と政治

それゆえ、進歩主義は、保守十全主義と同様に、宗教と政治を密接に結びつけるものである。だが、そのような結びつきは宗教的過激主義の専売特許ではない。宗教と政治の繋がりはこれまでも強固であったし、いまでもしばしば強固なものである。事実、権力というものは、長いあいだ、聖なるものとして正当化されてきたのであり、西欧において観察されるような、政治的なものの、宗教的後見からの完全な自立は、長い歴史的過程の到達点なのだ。要するに、宗教的なるものからの政治的なものの解放は一日にしてなったものではなく、ときには世俗的なものを再び聖なるものとしてしまうこともあった。それに、政治的なものが宗教となることが可能であったのなら、宗教もまた――政治の現状を正当化するという体制保証的な仕方でであれ、あるいは逆に社会的・政治的な変化を正当化するという〔体制への」異議申し立てという仕方によってであれ――政治的なものとなりうる。俗世の出来事から距離を置くことを強く勧める宗教集団ですら、政治的な影響を与えることがある。確かに、政治的次元でまったくニュートラルな神の語り方など存在しないのである。というのも、神学というものはすべて何らかの社会観を伝えるものだからであって、明示的にはまったくそれに触れていない神学ですらそうなのだ。それでも「チャーチ」型の宗教集団と「セクト」型の宗教集団のあいだには、しばしばはっきりとした相違が見られよう。そのことに変わりはない。社会に定着し、社会と密接な関係を保ちつつ、共生している宗教集団の政治的影響が、はっきりとであろうとなかろうと、社会的・文化的環境と断絶した宗教集団のそれと同じであるということはないのである。理念型という観点から見れば、前者はより体制保証的であり、後者はより異議申し立て的であるということが予想されうる。しかしだからといって、社会に定着した宗教制度が予言的機能を行使し、それに対して社会から断絶した集団が支配的諸価値を〔社会と〕共有し、社会に適応していく、このようなことが経験的に確認される可能性がないとは言えない。〔社会への〕非順応的性格が体制保証を隠しており、順応的性格が体制への異議申し立てを秘めているということがありうるのである。

政治的統一と宗教的統一はしばしば混同されてきた。「領主の宗教が領地の宗教（cujus regio, ejus religio）」という原理がヨーロッパの宗教地図を描いたのであり、世界中のさまざまな領土区分は宗教という基準に基づいている（イスラム教パキスタンを参照のこと）。政治が〔宗教から〕自立することと宗教の複数性を認めることは表裏一体であった。そのような認知が意味していたのは、国家は宗教的伝統以外のものによって統一されるということであり、人はどのような宗教を信じていようと、国民なのだということである。フランス革命はこの点できわめて意義深い出来事である。しかし特記すべきは、この革命が同時に政治的なものの神聖化として現われたということである。

旧共産圏ヨーロッパに関してパトリック・ミシェルが示したように、[1] 宗教は全体主義的権力——市民社会全体を政治的なものへ吸収すると主張して、宗教的なるものの自立性を認めない権力——に対する盾となることがある。だからこそ、宗教は共産主義的体制において、「個人のレベルで脱疎外、社会のレベルで脱全体化、そして国家のレベルで脱ソヴィエト化という三重の働きをする媒体となる」[2] ことができたのである。フランソワーズ・オーバンの示すところによれば、中国では、共産主義の黄昏がイスラム教やキリスト教の回帰、また中国の伝統的諸宗教、とりわけ道教の回帰と同時的に進行している。一九八〇年代の経済的またイデオロギー的解放によって放出された物質的余剰は「即座に、消費財にではなく、礼拝場所の再建と費用のかかる集団的儀式の実施に投資された」[3] のだった。宗教的なるものは、全体主義を究極的に正当化するものとして機能するのでなければ、〔そのような社会に対する〕他性そのものとして現われるものなので、〔全体主義的〕社会の自己閉鎖性を改めて問題化する傾向がある。その傾向は、このような社会が宗教を根絶すると言い張るものであるだけに、いっそう強力なものなのだ。反全体主義的な異議申し立ては、全体主義から脱出する局面で宗教的なるものが果たしうる重要な役割なのである（旧東独における福音教会を見よ）。宗教的なるものがそのようなものとして前面に出てくるという事態は、それが特定の状況下で社会や政治に対して持っているインパクトを示している。同時にまた、宗教的なるものが政治の領域でこのように〈異議申し立てへと〉姿を変えるからといって、そのことは必ずしも宗教が新たな活力を得るということを意味するわけではない。それは「〈特定〉の信仰を持たない宗教実践者」の出現に好都合な状況なのである。

（1）参考文献第三章【23】参照。
（2）前掲【23】、一〇頁。
（3）参考文献第三章【24】一四三頁。

社会学者は、投票行動の研究を通してとらえることができる政治的動向に関しても、宗教という変数の重要性を確認している。たとえば、ギィ・ミシュラとミシェル・シモンは『階級、宗教、政治行動』（一九七七年）のなかで、カトリシスムへの統合度がいまでもフランス人の政治行動を最もよく説明する変数であり続けているということを示している。とはいえ、政治的多元主義はカトリック信者のあいだで以前に比べて広まりつつある。[1] ドイツでは、どの政党もさまざまな宗教教派と関係を持つようになったのだが、それでも八〇年代にはまだ、一方でキリスト教民主党への投票とカトリシスムのあいだに、他方でドイツ社会民主党への投票とプロテスタンティスムのあいだに、それぞれ特別な繋がりが認められていた。[2]ラテン・アメリカでは、すでに見たように、解放の神学が、貧者を優先的に選択することから始めて、社会的また政治的な諸構造の再検討を行なおうとする宗教の動向を代表している。アメリカでは、保守的キリスト教徒の団体である「モラル・マジョリティ」がロナルド・レーガンの合衆国大統領への選出を助けた。イスラーム過激主義は、さまざまな国で、現体制に対する社会的・政治的異議申し立ての器となっている。インドではインド人民党がヒンズー教国家建国を訴えており、それゆえ、宗教の多元性を保証しているインド政治体制の宗教的中立性の是非を改めて問うている。宗教という要因はヨーロッパの統合プロセスに介入している。今日、ヨーロッパ連合のレベルでも、またヨーロッパ委員会のレベルでも、ヨーロッパ文明のアイデンティティーに関して宗教的遺産の重要性を強調する者は一人や二人ではないのである。しかし、このアイデンティティーをいかに表現すべきかということになると、宗教界でも世俗の世界でも議論百出の状態である。[3]

(1) 参考文献第三章【25】参照。
(2) 参考文献第三章【26】参照。
(3) 参考文献第三章【27】参照。

政治的主権を主張することは、しばしば儀式化や象徴化を伴うが、それらはたとえ示唆的な仕方ではあっても、集団の結びつきの根拠をメタ社会的次元に置こうとする傾向を示している。「市民宗教」という表現で指し示されるのはまさにこの現象であって、それは、ある社会がその全体存在を神聖なるものとし、その秩序を皆が敬うようにする信仰と儀礼の体系として定義できるものである(1)。政治団体というものは、どのようなものであれ、絶えずそのメンバーの団結と結合の感情を維持していなければならず、いかなる政治的主権もみずからを神聖なものとしようとする想像的また感情的な諸次元を内包しているのである。流した血や覚悟の犠牲の意味を際立たせる歴史表象、つまり「みずからの」歴史表象の構築、物質的な媒体（旗、建築物など）による集団の絆の象徴化、儀式の執行、これらが祖国への集団的献身を生み、育んでいる。世俗における聖なるものであっても、純粋に世俗的なものに準拠するだけでは不充分であるかのように、たいていは、その意味を宗教からくみ取ってくるのである。東方の由緒ある国々では、準拠としての宗教をまったく排除しているような市民宗教はそうそうに頓挫してしまった。インドネシアでは、市民宗教がシンクレティズム的な国家イデオロギーの形態をまとっており、学校で教えられ、どのような民族、いかなる宗教に帰属する住民にも共通の、象徴的な絆の役目を果たしている。パンカシラというこのイデオロギーは、唯一神、インドネシアの統一、民主主義そして社会正義を認めることの上に成り立つものである。日本では、神道が、天皇崇拝を継承したことにより、この〔市民宗教としての〕機能を果たしている。このような市民宗教は進化するものである。だから、フランスでは「他国を征服する共和国の愛国的な政治的公民精神から、多元的民主主義を管理し、共同体のさまざまな危機に直面する国家の倫理的な政治的公民精神へ」、つまり人権の市民宗教へと移行したのだった。この市民宗教は非常にエキュメニカルなものであるが、結局のところそれが示しているのは、社会秩序を正当化する際には、過去と同じように現在でも、さまざまな宗教的要素が必ず導入されるということである。(2)

(1) 市民宗教に関しては、参考文献第三章【28】、【29】を参照。
(2) 参考文献第三章【30】五七一～五八〇頁。

Ⅳ　さまざまなシンクレティズムとエキュメニズム

ブラジルでは、シンクレティズム現象にとってきわめて重要な宗教パノラマを見ることができる。インディオ起源の治癒儀礼であるカチンボ、典型的なアフリカ系ブラジル人の宗教でありながら、カトリック的伝統に属する聖人を取り込んでいるカンドンブレ、スピリティスム(心霊主義)を用いてアフリカ系ブラジル人の宗教やインディオ系ブラジル人の宗教を解釈する思想潮流としてのウンバンダなど、そのどれもが宗教の表出であって、それらはさまざまな遺産を結びつけており、また宗教的なるものの、進化していくダイナミズムを表わしている。宗教的なるものは、ありとあらゆる材料を消化吸収し、新しい形態を創造しうるものなのである。R・モッタは、これらのブラジル民衆宗教を分析しながら、それらの発展がまさにブラジルの経済構造や社会構造が急速に変化していく時代に見られるという逆説を強調している。[1]そして、この、ブラジルの近代化過程のただなかに生じた民族の自己確認作業の研究を通して、もう一つ別のプロセスが進行中であることを見て取っている。それは脱民族化のプロセスであって、彼はそれに「アイデンティティー侵食(identitophagie)」という言葉をあてている。われわれには、このブラジルで進行中のアイデンティティー侵食が超近代《ウルトラモダニテイ》(ultramodernité)という時代における宗教的なるもののありようの、いくつかの面をはっきりと示しているように思われる(第四章参照)。事実、われわれはそこで近代の宗教的なるものの特徴に遭遇するのである。つまり、宗教のさまざまな遺産の相互浸透、シンクレティズムへの傾向、現在を生きる助けとなる宗教、超自然的なものの経験的で直接的な把捉、祭日宗教、地域集会が中心的位置を占めているような構造、こういったものに出合うのである。いまや、混合の、シンクレティズムの、諸々の宗教的伝統間のさまざまな接触や相互干渉の時代なのであって、そもそもシンクレティズムは、現在の近代文化の主要な特徴の一つなのである。諸々のシンクレティズムやエキュメニズムは、現代の宗教的なるものの一つの姿である。

（1） 参考文献第三章【31】六七〜七八頁。

CSA、[1]『ル・モンド』紙、そして『ラ・ヴィ』誌による世論調査によれば、一九九四年に「本物の宗教はただ一つしか存在しない」と考えていた十八歳以上のフランス人は全体の一六パーセントにすぎなかった。そのような多元主義的状況と相対主義が、諸宗教を促して、相互関係を発展させ、対話を実現させようとしている。とはいえ、そのことが宗教紛争の終焉を意味するわけではない。宗教間の関係においては、外交術が直接の衝突に優先するものの、状況によっては衝突を免れないのであって、エキュメニズムというものはどれもそのような宗教間関係の再構築なのである。[2] エキュメニズムとは世俗化した、多元主義的な社会の特徴であり、社会はそのようなものとして機能するために、つまりあらゆる過激主義を排する多元主義を平和裡に運営していくために、エキュメニカルな態度を必要としている。宗教的多元主義を高く評価する国家なら、また宗教間の良好な協調関係も大切にする。だから世俗化した社会の関心は、過激に走らないエキュメニズムによって〔宗教間の〕均衡をとる宗教的多元主義へと向かうのである。確かに違いは存在する。だが、それは宗教間で合意して行なう実践やその平和的共存を妨げるものではないのである。結局のところ、国家が、さまざまな宗教や哲学的伝統に期待しているのは、それぞれが固有の天才〔の教え〕に従って、多元主義的民主主義の基礎にある諸原理を正当なものと認める、ということである。社会は、政治における制度の退廃や不信の増大に直面して、（たとえばエコロジーの分野で）市民たちに責任の倫理を要請しなければならなくなったときに、民主主義的生活を守り、営んでいくために、責任と連帯の「エートス」をもたらすイデオロギーを動員するのである。自由主義社会は、社会に代わって友愛と責任の倫理を供給するものを必要としている。政党や労働組合、学校といった制度やメディアがこの働きをしているのは確かだが、今日、行政当局は伝統的宗教にこのような倫理的教育の一翼を担うことをどれほど求めていることか。ところで、このような公権力からの要請が、キリスト教諸教派間だけでなく、また他宗教とのあいだでも倫理的エキュメニズムを強化しているのである。

（1） Conseil supérieur de l'audiovisuel（視聴覚メディア高等評議会）。フランスにおける視聴覚メディアに関する独立行政機関で、視聴覚メディアに関する法案作成に関わることで、メディアにおける言論・表現の自由を保証すると同時に、法律遵守を監視し、また視聴者がメディアからこうむる諸問題へ対処する機関〔訳注〕。
（2） 我々が編集した、参考文献第三章【32】を参照。

V 世俗的宗教性

レイモン・アロンは、ナチズムと共産主義に対して「世俗的宗教」という言葉を用いていた。このような見方を承けて、ジャン＝ピエール・シロノーは政治的イデオロギーの宗教的次元を研究した。[1] 確かに、政治的イデオロギーが絶対視され、存在のあらゆる面を包み込み、一つのモラルを命じる人間観・世界観にまでなるとき、それらに対して「政治的宗教」という言葉を用いてもよい。このような「政治的宗教」が他の宗教にとって替わったり、それらと競合したりするという事実が、その宗教性を、宗教の代替たらんとする意向を証ししている。それはまさに一種の世俗的宗教であるが、政治における本物の聖職者によって運営される信念と実践の有機的体系という姿をとった極端な形ではある。また、さまざまな形の「世俗的宗教」が政教分離の発展段階で観察されえたのであった。

(1) 参考文献第三章【33】参照。

宗教的なるものが世俗的なもののなかに拡散してしまっている場合には、それほど明確な形を取らず、本当の意味での世俗的宗教ではなく、宗教性の世俗的形態――もっともそれが宗教といえるかどうかは疑わしい――を産みだすことがある。スポーツ、音楽、エコロジーといったさまざまな領域が宗教的に意味づけられることがある。だからといって、それらは「世俗的宗教」といえるのだろうか。

たとえば、C・ブロムベルジェは、サッカーの試合と宗教儀礼のあいだに数多くの類似を認めている。[1] そこでは(戦い、生、死、性という)存在の基礎的次元が問題となっており、また試合の連続的な組立て全体が、(式を執り行なう司祭がいて、信者がいて、その集まりがあり、聖なる空間がある等々)宗教儀礼を連想させうるものである。またサポーターの振舞いも同様であって、なかには応援しているサッカークラブを崇拝して、自宅に正真正銘の祭壇を置いている者もいるのである。しかしC・ブロムベルジェは、これらすべての類似にもかかわらず、〔サッカーの試合には〕宗教儀礼と言いうるためには何か本質的な面が欠けていると指摘しており、それは正当な指摘である。「釈義の次元（明らかな神話的あるいは象徴的構造――シーンの繋がりやそれが引き起こす感動の意味を説明し、また儀礼がその顕われであるような構造）」、世界と超越の表象、偶像の安定化（サッカーのスター選手はめまぐるしくかわる）、これらのどれもが〔サッカーには〕欠けている要素であって、それらは類似には限界があること、そしてスポーツを「代替宗教」として考えることは難しいことを示している。(2)

(1) 参考文献第三章【34】八～四一頁、【35】一七四～一九五頁。

(2) このことは、D・エルヴュー＝レジェもまた、その『記憶としての宗教』のなかで強調している（参考文献第三章【36】八二～八七、一四八～一五五頁参照）。

E・モランが一九五〇年代の末から語ってきた「スター宗教」についてはどうであろうか。M＝C・プシェルは「ファンのアイドル崇拝は、本当に宗教現象と言っていいものなのか？」と問いかけ、民衆の、歌手クロード・フランソワ崇拝を、とりわけ彼が亡くなって以降の崇拝現象を分析している。(1)

(1) 参考文献第三章【37】二七七～二九九頁、【38】三二～四六頁。

世俗的なもののなかに宗教的なるものを見つけだすことは、必然的に宗教的なるものの定義に関わっているということ、そしてD・エルヴュー＝レジェが言っているとおり、宗教的なるものがもはやどこにも見えなくなってしまったからといって、あらゆるところにそれを見る必要はないということ、これは明らかなことである。同時に、いくつかの現象に関しては、そこに本来の意味での宗教ではないにせよ、聖性の転移を示す宗教的特徴を認めざるをえないのである。C・ブロムベルジェは、スポーツという儀式が宗教儀礼となるには何かが欠けていると強調しているが、その点に関してはわれわれも同様に考えている。われわれにできるのは、現代の宗教的なるものが分散し、流動的になればなるほど、世俗的なもののなかに宗教的なるものの痕跡を、さまざまなものの上に超越的次元と儀礼的次元を、改めて見出す機会が多くなるだろうと仮定することだけである。世俗的宗教性という言葉を用いることができ、宗教的なるものと世俗的なものは相互に区別しがたいものだということが明らかになるという事実は、現代では宗教的なるものが分散してしまっているということの印であり、またアルベール・ピエットが言っているように、[1] 現代の宗教的なるものの「ハイブリッド（混種）性」、つまりそれが信じることと信じないこと、伝統と近代との「ハイブリッド」であるということの印なのである。

（1）参考文献第三章【39】参照。

Ⅵ　西欧社会における、信じることの現代的変容

宗教の実践と信仰のあいだに、密接な相関関係が今もなお観察されるのであっても、信じることの分散こそが現代の宗教状況に特徴的なことのように思われる。つまり、信じることが分散し、帰属しているものに縛られなくなってきたということである。グレース・デイヴィはイギリス人の宗教に関して「帰属なしの信仰」という表現で、教会への帰属率が低下しているのに信仰を持つ人の割合は比較的高く留まっているという事態を説明している。[1] 宗教が制度的規範としての力を失っていくことは、宗教性のさまざまな形態が開花することと同時並行的に進行しているのである。西欧社会では宗教感情の個人化や主観化が見られる。それは宗教に関するＤＩＹ（Do It Yourself）主義の支配であって、この支配は救済財の需要にも、その供給にも及んでいる。需要の面に関しては、当事者が、〔かつては、自分を救済へ導いてくれるものに関して、制度的大宗教たるキリスト教に全面的に依存していたのに、今では〕信仰や経験を自分で手持ちの材料を用いて作りあげ、帰属する宗教をみずから変えることができる自律性を持つことによってであり、供給の面に関しては、救済の領域においてたくさんの小企業とそれらが競合しあう市場が発

展することによってである。救済市場の発展は宗教団体や擬似宗教団体のあいだで観察されるとともに、制度化された大宗教――カトリック教会のような宗教――のなかにさえ認められる。そのような大宗教はさまざまな感性を持った人間によって生きられるものであって、信者たちに「自分の」宗教を生きる、多様な生き方を提供するものだからである。

(1) 参考文献第三章【40】参照。

このような宗教感情の個人化は、主観化の過程を伴っている。経験こそが、つまり個人と共同体によって生きられる宗教こそが重視される。宗教の領域における、こうした情動の回帰[1]は、それぞれの宗教的伝統ごとにさまざまな色合いを帯びて現われている。そこに近代的な真理基準への依拠、すなわち、実験という真理基準への依拠を見て取ることができる。重要なことは、ある宗教が恩恵をもたらす時に、その宗教の有効性を感じ取ることなのである。

(1) 参考文献第三章【41】参照。

もしR・ルミューのように[1]、「どのような人間であろうと、われわれは皆、みずからの合理性や論理を超える想像空間へ近づくことができる」のであり、この想像界への関係が、われわれの世界内存在を、認識する存在であるとともに、感情を持つ存在でもあるわれわれを、構造化するものであると考えるなら、世俗化した社会においてはどの信仰もはかなく雲散霧消してしまうのに、信じることはそのような信仰を超えて存在しつづけているということの理由を一層よく理解することができる。信仰というものがすべて想像界の制度化の表現であり、またそのような信仰において主観性と文化とが結ばれる（R・ルミュー）のであれば、西欧社会の現代の状況を特徴づけているのは、信じることの危機ではなく、信仰の危機であろう。そこで露わになるのは、〔信じることの〕意味を探求するときに、信じることを誰が〔その意味として〕同意するような表象に社会的また文化的に固定することが難しいという困難であろう。それゆえ、それは、信仰が確固としたものではなくなってしまった時代にあっては〔他者と〕一緒に信じることは難しいという困難である。大きな物語の終焉は個人をよりどころのないままに放りだすのであり、シニフィアンを制度が保証するシニフィエへ固定する結びつきを弱めてしまうのである。R・ルミューが、ミシェル・ド・セルトーを参照しながら強調するのは、「信じること」が「豊饒な意味宇宙のなかをぶらつくために、しがらみから自由になって」バカンスに出発する一方で、「行なうこと」のほうはといえば、身よりを失ってしまったのであり、こうして、言うこととの断絶をますます深めていくということである。したがって、いまや表象は必ずしもさまざまなしがらみ〔諸関係〕に結びついているものではなく、暫定的で、はかないものとなり、社会を強力に動かす力を失なってしまう。信仰と共同体の繋がりを切断する、そのような状況は、いかなる信仰も人びとを結集する力をほとんど持たなくなるだけに、ますます多くの信仰を消費しようとする傾向を生みだす。われわれはここで「ア・ラ・

カルト宗教」の展開に立ち会っているのである。その展開において一貫しているのは、生産者ではなく、消費者のほうであって、さまざまな宗教を並べたスーパーマーケットが信じることを調整する中心的な制度となる。このスーパーでは、制度化された宗教が「信じるべきもの」を提供する唯一のものでないということは明らかである。そもそも、それが「信じるべきもの」たりうるのは、何らかの権威によってではなく、それを経験し、評価する主体にとって、それが持ちうる有用性によってなのである。とはいえ、そのことは必ずしも伝統への依拠を排除するものではないのであって、かえってそのような伝統への「逆説的忠実さ」とでも呼ぶべきものを生んでいる。これらの伝統はその「潜在的有用性」のゆえに、「必要となる場合」に備えて、予備として取って置かれるのである。

（1）参考文献第三章【42】①四一頁。

信仰は一生保持しつづけるために選び取られるようなものではなく、「経験上、変化する可能性があることがわかっている状況の求めに対する、絶対的ではない返答として位置づけられる」（R・ルミュー、前掲論文、参考文献第三章【42】①七八頁）。さまざまな信仰からなる世界では、本来の意味での宗教的信仰、つまり「名前の通った、特定の宗教的伝統に実際に由来するシニフィアン」（同六六頁）は一つのモデルケースにすぎない。それ以外の形も存在しているのである。ケベック研究チームは、宗教的信仰の他に、宇宙型の信仰、「自我」へ帰着する信仰、社会型の信仰を区別している。これらの領域のそれぞれが、「世界を本当らしいものとして構築し、把握する」（同六八頁）独特な仕方を表わしているのである。

信仰体系を再構成するために用いられている手法はさまざまである。ミシュリーヌ・ミロは五つの手法を区別しているが[1]、それは、①意味を再投入する（たとえば、カトリック信者の立場から、神というシニフィアンを宇宙的に定義し直す）、②機能を補完する（伝統的宗教信仰に別の意味を追加する）、③概念を転用する（キリスト教世界に、輪廻といった異質なシニフィアンを導入する）、④（別の意味領域を宗教的に再解釈することを通して）ある意味領域を従属させる、⑤複数の信仰領域を並置し、同一個人のなかに複数の世界観を共存させる、以上の五つである。

（1）参考文献第三章【42】②一一五〜一三四頁。

スイス人の宗教に関して、一九八八年から八九年にかけて行なわれた調査[1]の結果は、ケベックでの調査結果と一致している。信じることの個人化、参照する宗教の多元化、キリスト教的伝統という地《じ》の上に包摂していこうとする傾向[2]、これらがスイス人の宗教に対する態度の特徴である。またクロード・ボヴェは宗教の社会的レベルと個人的レベルのあいだに、つまり「他者にとっての宗教」をどう考えるかということと「自分の宗教」をいかに考えるかということのあいだに断絶があるということも示している[3]。宗教への関わりは実用的なものになる。つまり宗教は拒否の対象であるというより、「多分（何かの役に立つ）」対象なのである。とりわけ若い世代ではそうである[4]。だから、スイスではシンボルの供給に関してはカトリック教会とプロテスタント教会が依然として力を持ちつづけているにもかかわらず、〔彼らが〕キリスト教的伝統を信奉しているのかというと、そうとも言いきれないということになる。このスイスでの調査に関して、M・クリュッゲラーは、信仰に関する質問に対して「わかりません」と答える率が高いという事実に目をとめているが、それはまったく適切なことである。彼はそこに、ある逡巡の現われを見ているのだが、この迷いは「一般的に、調査対象者にとっては、宗教に関する知識だけではなく、宗教的なるものを表現できるのかどうかという、その表現可能性もまた問題となる、ということを明らかにしている」[5]のである。

（1）参考文献第三章【43】参照。
（2）参考文献第三章【44】一一七〜一三一頁。
（3）参考文献第三章【43】①一七七頁。
（4）このことはまた、F・シャンピオンとY・ランベールが以下の書のなかで示していることでもある。参考文献第三章【45】参照。
（5）参考文献第三章【43】③九七頁。

各教派の、集団としてのアイデンティティーは消え去ってしまったとしても、それぞれの教派に固有の象徴体系に結びついた差異のなかには存在しつづけるものもある。たとえば、カトリックとプロテスタントを比較してみると、「他宗教を認めないキリスト教徒」の数はプロテスタントのほうが三倍も多いのである。しかし宗教的実践が廃れるとき、この二つの教団の信仰の構造はますます似たものになる。

デュバックの指摘するところによれば、少数派を除けば、スイス人は「もはやどのような宗教にも絶対的価値を認めない[1]」のであり、キリスト教の諸教会が公的生活において無視しえない役割を果たしつづけているということはあるにせよ、宗教的多元主義が人びとの意識に深く浸透しているのである。われわれがここで問題としているのは、まさに近代のただなかにおける宗教の変容なのであって、そこからわれわれは一人ひとりの人間の宗教的信仰や宗教的実践へ働きかけている世俗化の作用そのものへ向かうことになる。以上で見てきた進化を分析するにあたっては、また、ヨーロッパで特殊的に観察されることを世界規模に一般化してしまうことがないように気をつけなければならない。事実、ヨーロッパ以外の大陸においては、ありとあらゆる宗教の増殖が見られるのであり、社会学者のなかには、宗教に関してヨーロッパは例外的なケースであると言ってはばからない者もいるのである[2]。

(1) 参考文献第三章【43】②二五五頁。
(2) 参考文献第三章【46】参照。

第四章　宗教と近代《モダニテイ》――世俗化の議論

社会学は、できる限り体系的かつ客観的な仕方で、社会とその進化を分析せんとするものとして、近代社会を出現させた社会変動から生まれた。つまり社会学の発展はまさに近代の一要素であり、産業社会における宗教的なるものの生成を問うという近代に固有の問いかけは、社会学それ自体にとって本質的なものであるということである。そうなると、社会学が当初から宗教現象に関心を持ってきた（第一章参照）ということは驚くべきことではないし、さらにまた社会学が社会的なものの実証科学として、宗教起源の神話的要素を一掃した世俗的道徳の科学的基礎を与えることができると考えたということ（デュルケム参照）、それゆえ、社会学がみずからを宗教的なるものや形而上学の近代的代替物と考えることができたということ、それもまた、当然のなりゆきだったと言ってよい。社会学が近代化過程にこのように関わってきたために、社会学者は近代という時代を宗教的なるものに相反する過程として考えようとする傾向を持つようになった。産業化、都市化そして合理化がさまざまな宗教世界の解体に寄与し、また近代がウェーバーの言う「世界の脱呪術化」を体現する時代であるのなら、宗教的なるものが近代社会の地平から早晩消え去ることになっている過去の遺物として現われてもおかしくはなかった。

　この宗教と近代の二律背反を強化したものは社会学者自身の態度でもあったし、いくつかの宗教集団の態度でもあった。社会学者の態度とは、オーギュスト・コント流の進化論的図式（三段階の法則）という遺産を受け継ぐとともに、フランス社会学の創設者たちの、宗教の新形態——彼らが近代に適合すると考えていた形態——を案出しようとする傾向を伴った態度である。[1]アンリ・ド・サン＝シモン、オーギュスト・コント、エミール・デュルケムはみな、いずれにせよ、伝統的宗教の代替としての世俗的な人類教を考えたのだった。マルクス主義の影響もあって、宗教を、廃れた、したがって経済や社会の進歩へと向かう社会とは相容れない社会現象として考えようとする傾向がいっそう強化されることになったのである。一方、宗教の側に関して言うと、カトリック教会は、十九世紀と二十世紀初頭に、近代世界の根本的選択とは正反対の選択をすることで（一八六四年の『シラバス（近代主義の謬説表）』あるいは現今の主要な誤りを納めた文集」）、この世界への根本的対立を露わにしたが、カトリック教会の、そのように「時代との」妥協を拒む態度が宗教と近代との根本的対立という考えを広めるのに一役買ったのである。大多数の西欧社会、すなわち近代を最もよく体現している社会では、人びとは礼拝へ参加しなくなり、一人ひとりの人間の生の枠組みとしてのキリスト教教会やそれに準ずるものが崩壊し、聖職志願者が明らかに減少してきた。社会学者はこのような事実を確認したことで、ますます宗教現象を消え失せていくものとして見るようになったのだった。近代が宗教的なるものの解体を進めるものとして現われたからこそ、「産業社会における聖なるものの崩壊」（S・アクアヴィヴァ、一九六一年）という表現を用いることができたのだし、現代における宗教進化を世俗化というパラダイムのなかで分析することが可能となったのだった。世俗化というこのパラダイムは「近代が進めば進むほど、宗教的なるものは退いていく」というゼロサムゲームの論理に従って機能するものである。

（1）これは、イギリスの人類学者E・E・エヴァンス＝プリチャードを驚かせたことだった。参考文献第四章【1】参照。

I　世俗化——異論の多いパラダイム

それゆえ、世俗化という観念自体が定義されなければならないのであり、社会学でそれを使用する場合には、なおのこと細心の注意を払う必要がある。一九六五年に公表され、反響を呼んだ論文で、イギリスの社会学者デイヴィッド・マーチンは、「世俗化」という用語が反宗教的な世俗主義的イデオロギーに結びついており、そのような概念を経験にあわせて操作的に定義することはできないと考えて、この用語を放棄するよう提案した。[1] 実際には、O・チャネンが強調しているように、[2] マーチンは「一方的で不可逆的なプロセスとしての世俗化概念には反対しているのだが、複合的で多義的なプロセスとしての世俗化概念は受け入れている」のである。

（1）参考文献第四章【2】参照。
（2）参考文献第四章【3】二九三頁。

さらに、彼は一九七八年に『世俗化の一般理論』を出版し、そこではさまざまな構成要素――〔社会の〕構造化を促す歴史的出来事、啓蒙の諸形態とその構成要素、宗教と国家アイデンティティーの諸関係――を導入し、西欧の諸社会において、とくにその社会への多元主義の浸透程度に応じて、世俗化プロセスの形態や強度が多種多様であることを示した。彼が提起したのは、〔一宗教の〕独占状態から非常に幅の広い宗教的多元主義が支配的な状態へと向かう、諸々の基本パターンの連続体であって、それは現存の主要な宗教文化――カトリック文化、プロテスタント文化、英国国教会文化あるいは東方正教会文化――の性質も尊重した類型論となっている。

世俗化テーゼが、一般理論としては、さまざまな問題を惹起するということは明らかである。たとえば、世俗化は歴史家たちが改めて問題視している宗教の黄金時代を前提としないのか？　それは宗教を制度化された宗教的なるものに同一視しすぎて、制度外で展開している野生の宗教性を忘却しているのではないか？　たとえば礼拝への出席は、宗教制度が勧める宗教的行為を一人一人の人間がどの程度行なっているのか、その度合いを測る指標の一つであるが、世俗化はそのような指標へ過度の重要性を付与してはいないか？　それは実践のなかに廃れるものがあり、信仰のなかに衰退していくものが見られることを、はやまって宗教の不可避的な衰退と解釈してはいないか？　それはどんな宗教世界にも属さず、宗教感情など知らないために、宗教を分析するに際して個人的な反感を投影してしまうような知識人の見方を反映したものではないか？（だが「信仰を持っている」社会学者が世俗化概念の最後の支持者ではないだろうか？）世俗化はきわめて西欧的な、キリスト教中心的なものの見方、つまり西欧世界に属する社会にとっては一定の有効性を持ちうるが、アジアやアフリカ、ラテン・アメリカなどの社会にはまったく不充分であるような局地的理論ではないのか？　世俗化という言葉を用いることは、近代社会においては合理性がすべてであるかのような、近代化プロセスへの短絡的アプローチを前提としてはいないか？　世俗化を伴わない近代化というものはありえないのであろうか？

アメリカと日本は[1]、すぐれて近代を体現している二つの国でありながら、近代と宗教を調和させている社会の具体例でもある。前者は、そこで宗教への高い関与率（およそ四〇パーセントの実践的信者）が維持されており、ファンダメンタリズム運動が看過できない役割を果たしているのが観察されるからである。後者は、工業化が神権政治システムのなかで果たされ、政治的・宗教的な運動がつねに政治の舞台を占領しているような社会だからである。ロジャー・フィンケは、「世俗的でないアメリカ」を論じて、はっきりと次のように結論づけている。「世俗化モデルによる宗教衰退の予言はアメリカの歴史的変遷によっては裏づけられない。その近代化は以前から予見されてきた世俗化の過程を伴うことはなかったのである」[2]。近代日本において（家庭では仏壇・神棚の前で、寺社においては重要な年中行事のときに）[3]祖先崇拝が存続しているという事実、また「宗教年鑑が毎年記載している、八〇〇〇万の日本人が初詣に神社に出向き、破魔矢やお守りを買い求めている」[4]という事実を見れば、ここでもまたそれが世俗化されていない社会であると考えたくなっても不思議ではない。

（1）アメリカの宗教に関しては、参考文献第四章【4】二五～五二頁。
（2）参考文献第四章【5】①一五四頁。
（3）参考文献第四章【6】、【7】参照。
（4）参考文献第四章【8】六一七頁。

そのうえ、多くの国で一人ひとりの人間を社会的また政治的に動員する際に宗教が重要な役割を果たしているということもまた、世俗化パラダイムの是非を問いかけている。そのような政治的・宗教的運動の主役が近代科学技術とは無縁の社会階層ではないということが観察されるのであるから、ますますこのパラダイムは問題となるのである。

ジル・ケペルは、その『神の政治』のなかで、（イスラム前線からロシア正教とラテン・アメリカのペンテコステ運動を通って政治的ヒンズー教にまでいたる）政治的・宗教的運動を扱った諸研究を集めた、この内容豊かな書全体を紹介しつつ、次のように指摘している。彼によれば、これらの運動には「二つの社会文化的階層がとくに目立っているように思われる」。つまり「主として科学的な教育を受けた、とくに応用科学の領域で教育を受けた知識人層であり、技術者の割合が、全体社会のなかでのそれに比して、非常に高い階層である。他方は、都市周辺で生きている若い世代である[1]」。

（1）参考文献第四章【9】一七頁。

これらの運動は現在ではとくに第三世界に見られるものだが、その研究は近代化と西欧化を区別するように促す。というのもまず第一に、第三世界の国々の多くにおいて、近代化のプロセスが社会に及ぼす影響は（西欧社会の場合と）同じではないからである。たとえば、都市化と工業化は西欧におけるほど共同体的繋がり（家族の、民族の、宗教の繋がり）を解体してはおらず、それらはいまもなお集団的アイデンティティーを構成するものでありつづけているのである。第二に、第三世界の国々は政治システムの面で近代化されることはほとんどなかったからであって、そのシステムはなおも伝統的な、非民主的政治形態をその特徴としているのである。最後に、飢餓や病気、そして死が支配しているようなところでは、個人の生存状況は西欧諸国の状況とは根本的に異なっているからである。近代化が世俗化と一体ではないということは、そのような状況において、いっそう理解されやすいのである[1]。

（1）参考文献第四章【10】一二九～一五二頁。

また世俗化というパラダイムがいくつかの宗教文化に対しては適用困難であると判明することもある。というのも、このパラダイムは聖と俗の区別を前提とするものであるが、この区別はとくにユダヤ・キリスト教的伝統に特徴的な区別であって、別の文化にとっては充分異質なものでありうるからである。一九三四年にマルセル・グラネは、その著書『中国思想』のなかで、中国における宗教は社会活動と区別されるような働きではないということを夙《つと》に指摘していた。同様に、いわゆるヒンズー教も、社会生活から切り離された領域に対応するものではなく、一つの宇宙論に準拠して、ある生き方を指示する社会的かつ宗教的なシステムである。

以上のような反論はすべて正当な根拠を持つ。しかし、B・ウィルソン[1]、O・チャネン（前掲書）、S・ブルースそしてR・ウォーリス[2]が指摘したように、世俗化というパラダイムがしばしば歪められ、正しく理解されてこなかったということもまた正しい。それゆえ、重要なことは、この用語で意味しうる内容、この概念の有効性の限界を正しく把握することである。その一方で、社会学者たちが、〔学的認識を日常的認識から切断して捉える〕認識論的切断を行なおうと努めているにもかかわらず、時代の雰囲気や今日的な事件――それらがとくにメディアを通して社会的世界の一定のイメージを育んでいるのであるが――によって影響される傾向があるということ、それも明らかなことである。一九六〇年代には「宗教的なるものの衰退」という雰囲気が支配的であったが、一九九〇年代以降、むしろ「宗教的なるものの回帰」という雰囲気になった。それが世俗化の諸理論をもてはやしたのちに、公然と批判する理由になるのだろうか。時代の雰囲気がどうであれ、批判的な思考が自分で道を切り開かなくてはならない。そしてそうするために概念をとぎすまし、経験の所与に注意していなくてはならないのである。

（1）参考文献第四章【11】参照。
（2）参考文献第四章【5】②八〜三〇頁。

Ⅱ 明らかにすべき概念としての世俗化

市民権力による教会財産の没収という「世俗化」のもともとの意味に沿って、ピーター・バーガーのように世俗化を「社会と文化の諸領域が宗教の制度や象徴の権威から離脱するプロセス(1)」と定義する人びとがいる。それゆえ、世俗化は制度的・法律的側面のほかに、文化的側面をも含んでいるのであって、この側面は以下のような特徴によって明らかになる。つまり、集合表象が宗教への準拠から完全に解放されていること、知が宗教から独立して構成されていること、個人の意識や行為が宗教の掟から自立していること、といった特徴である。ブライアン・ウィルソンは宗教社会学の分野で世俗化テーゼを主張する研究者のなかでも指折りの代表的社会学者であるが、彼にとって世俗化は「宗教の制度、思想、実践が社会的意義を失っていくプロセス[2]」を指示するものである。それは社会システムのなかでの宗教の位置づけが浸食されていく過程なのである。ウィルソンにとって、世俗化は「共同体を基盤とするシステムから利益社会を基盤とするシステムへ[3]」の移行に結びついている。それによって宗教の状況は一変してしまうのである。

「世俗社会における宗教は、相対的に力のない、周辺的なものに留まるであろう。そして情《なさけ》を欠いた社会システムの間隙で人間を励ましつづけるであろう。人間はそのような社会システムになかば同意しながら、囚われてしまったのである。[4]」

(1) 参考文献第四章【12】仏訳一七四頁。
(2) 参考文献第四章【13】一四頁、【11】一四九頁。
(3) 参考文献第四章【11】一五三頁〔邦訳一七四頁を参照した〕。
(4) 参考文献第四章【14】二七六頁。

ウィルソンは世俗化を宗教の不可避的な衰退とは見ない。だから彼は、社会の世俗化が「すべての人間が世俗化された意識を獲得した」ことである、あるいは彼らが「宗教への関心を完全に放棄してしまった」ということである、とは言わないのである。社会システムの世俗化と行為者の世俗化を区別すること、それが重要である。

ウィルソンにとって、世俗化は、本質的に言って、近代的組織が合理化していくプロセスと社会の制度や実践が宗教からだんだんと自立していくことからの帰結である。このように社会が宗教から自立することで、人間はみずからの企図と実践によって生活条件や社会を変えうるのだと考えることができるようになる。ウィルソンによれば、世俗化の重要な指標の一つは、社会が超自然的なものへ献げる富の比率の著しい低下である。[1]

（1） 参考文献第四章【15】二五頁、【5】③一九八頁。

K・ドベラーレは、世俗化の三つの次元を区別した。すなわち、①制度の構造と機能が分化していくプロセスに関わるマクロ社会学的レベルでの非聖化（世俗化）、②宗教世界の進化自体に関わる変動、とくにそれらの、この世に適合しようとする傾向に関わる宗教変動、③個人の行為に関わり、宗教集団への規範的統合の度合いの尺度となる、個人の宗教への関与、である。[1] ウィルソンと同様、ドベラーレも世俗化を本質的に社会システムに関わるプロセスとして、つまりここで、世俗化の第一次元として言及されたマクロ社会のレベルに関わるプロセスと考えている。この意味で、彼には、〔個人の〕宗教への関与の測定は世俗化の最も信頼に足る指標であるようには思われないのである。ドベラーレが取りあげた異なるレベルのおかげで、必ずしも一致するとは限らない諸々の進化——社会、宗教組織、個人、それぞれの進化——をうまく区別することができるようになる。社会システムの世俗化が、個々人の宗教への関与の明らかな衰退を含意するものではないということになれば、アメリカのケースはこのパラダイムで理解できるものとなる。

（1）参考文献第四章【16】参照。本書は、増補された新しい版が二〇〇二年にブリュッセルのP・I・E＝ピーターラングSAから出版されている。

結局のところ、「世俗化」ということで理解しなければならないのは、宗教の制度的文化的役割の低下として現われる、社会や文化全体の変動なのである。宗教はその社会的な権能の多くを失うであろう。宗教は、確かにかつては社会を包括する枠組を構成し、その秩序の究極的な意味を表わすものであったし、また宗教の信仰や言葉は各人の日常生活の奥深くまで浸透していたのではあるが、社会生活を構成する諸分野の一つになっていくのであろう。それどころか、だんだんと多くの人にとってなじみのない世界となっていくであろう。世俗化へこのようにアプローチするとき、われわれはとくに近代に特徴的な二つのプロセスへと向かうことになる。つまり諸制度の機能分化プロセスと行為者が徐々に個になっていく個人化プロセスである。この二つのプロセスは宗教の不可避的な衰退を意味するものではまったくなく、信じるという現象の消失を意味するものではなおさらない。そもそも近代それ自体が信じるこ

とで機能する神話システムとして把握されうるものなのである。(1)

(1) 参考文献第四章【17】参照。

Ⅲ 近代とその破壊的影響

それゆえ、宗教の社会的影響力の一定の低下――それはとくに西欧社会で観察されるのだが、西欧社会だけに限られるわけではない現象である――を説明するために、限定的な世俗化テーゼにある程度の信憑性を認めること、そのことは間違っているとは思われない。社会的影響力の低下は、影響力がまったくなくなってしまったことを意味するのではないし、宗教の消失を意味するのではなおさらないのであって、それが示しているのは近代という時代の圧力を受けて、宗教の状況が一変してしまったということなのである。実際、近代の本質的な特徴、すなわち、システムの自己再帰性、機能分化、グローバル化、個人化、合理化、多元主義といったものが、西欧の諸社会における宗教の「社会的権能」を減じてしまったということに異議を唱えることは困難であるように思われる。こういったからといって、文脈を替えさえすれば、とりわけ第三世界の国々を考えるなら、近代化が逆に宗教的なるものを社会に再投入し、「外来の近代が押しつけられ、経済的、政治的、文化的隷属を強いられたことによってズタズタにされてしまったアイデンティティーを再構築する」[1] ことがありえないわけではない。これらの国々では、宗教への結集は、際立った反帝国主義的性格を持っているのである。（これはイヴ・グッソーの強調しているところである）。さらにまた、近代という時代に宗教的なるもののさまざまな再構成を認めることができないわけでもないが、ただそれらは、われわれが超近代《ウルトラモダニティ》と呼ぶ時代に、さらに明確になって現われる（以下参照）。とにもかくにも、まず手始めに近代がもたらす破壊的影響を強調しておくことにしよう。

（1） 参考文献第四章【18】四九〇頁。

近代は、道具的合理性の抽象的形式主義によって、また一人ひとりの人間の自律性を肯定することをとおして、行動を画一化し、文化的価値基準を社会的実践のお飾りにすぎない上部構造へ変えてしまおうとする。[1] つまり近代は文化としての宗教に対して破壊的な影響力を及ぼしているのである。宗教はこうして、〔社会を〕構成する力を失ってしまうのであって、それはイヴ・ランベールが、ブルターニュ地方の一農村の社会的・宗教的変動の研究から証明したとおりである。[2] かつて宗教は小教区という単位でその社会の大枠を与える強い力を保持していたのだが、その小教区文明が解体してしまったのである。G・ル・ブラに続き、ダニエル・エルヴュー＝レジェは、それを「宗教実践者の終焉」と呼んでいる。[3]

近代がこのような破壊的影響を及ぼしている文化としての宗教は、何もキリスト教ばかりではない。たとえば、J＝P・ベルトンが強調して語るのは、日本社会の急速な工業化と都市化が地縁をゆるめ、都市に宗教間を「浮遊する」人びとを産みだすことで、「事実上、神道の最も手強い敵となった」ということである。[4]〔イデオロギーとしての〕宗教や哲学が細分化した結果、ベルギーやオランダにおけるようなピラー化[5]（柱状化）までは至らないにせよ、すでに、相当程度、相互浸透不可能な場ができあがっていた。[6]どの伝統も一つの文化的囲いの表現であり、それはさまざまな社会化経路を通して（とくに青年団活動を通して）一人ひとりの人間に深く刻印されたものだった。〔そのような〕異なるイデオロギー世界がだんだんと浸透しあっていくことを通してイデオロギー上の区分――政治的な区分であれ、宗教的なそれであれ――が相対化されること、メディアによって支配される大衆文化が発展したこと、変化と「直接的なもの」の文化が高く評価されるようになったこと、これらの要因があって、アイデンティティーを構成するものとしてのイデオロギー的指示対象の力が弱まったのだった。

（1）参考文献第四章【19】三二三～三三八頁。
（2）参考文献第四章【20】参照。
（3）参考文献第四章【21】参照。
（4）参考文献第四章【8】六一六頁。
（5）宗教やイデオロギーの多元的状況における、それぞれの宗教やイデオロギーにもとづく、あらゆる種類の世俗的・社会的機能や活動の組織化。例えば、宗教の多元的状況のもとで、カトリック信者が、カトリックコミュニティで生きることを望むときに、カトリックの学校で教育を受け、カトリックのメディアを利用し、カトリックの病院、老人福祉施設を経て、カトリックの墓地へ埋葬されることを可能にする、柱状の組織化を指す。それはまたカトリック世界の内的世俗化でもある。オランダではカトリック、プロテスタント、社会主義者（無神論者）という三本の文化的な柱が並立している、と言われる。内藤政典『ヨーロッパとイスラーム』、岩波新書、九七〜九八頁参照〔訳注〕。

（6）このことは、これらの場がまったく関係しあわないということを意味しなかった。とくに経済的交換のレベルではそうであった。そのことが非常によくわかるのは、E・フランソワの、十七世紀から十八世紀におけるアウグスブルクのカトリックとプロテスタントについての研究である。参考文献第四章【22】参照。

文化としての宗教が持っていた、〔社会を〕構成する力の破壊は強烈なものであったが、それは近代がみずからに疑いを抱くようなものではなく、伝統やしっかりと根づいた個々の社会文化に対して批判的なものとして自分を構築するものであるだけに、いっそう徹底したものだった。進歩、合理化、合理化に伴う標準化という名のもとで、地域文化は相対的な価値しか認められず、さらには民間伝承のようなものになってしまった。個々の政治文化や宗教文化が衰退していき、またこれらの領域内の諸区分があいまいになっていくにつれて、政治的なものや宗教的なものに実用的な価値しか認めようとしない傾向が強まったが、それだけでなく、それらが経験や情動的なもののなかに再び湧き出てこようとする傾向もまた強まっていった。破壊の結果、再構成されるものもあるということである。近代のさまざまな側面に関してそのことを検証していこう。

「機能分化」によって、一定の社会的活動、つまり教育、健康、余暇、社会的労働といった活動が宗教組織から世俗組織あるいは国家へと移転される。宗教組織がそのような活動を引き受けつづける場合ですら、当の組織内に世俗化プロセスが確認される（とくに教育と社会医療活動の領域において認められる）。この機能分化のプロセスには、宗教的なるものを宗教的なるものへと送り返す傾向、つまり宗教的なるものに霊的意味を与える傾向がある。社会が宗教的なるものを求めるとき、高度に世俗化が進んだ社会では、霊性を強調し、神秘を求めるのに対し、宗教の影響がより強く残っている社会では、むしろより現世的な宗教へ向かうのである。それゆえ、機能分化は確かに世俗化のプロセスの一要素ではあるのだが、同時にまた、それは宗教的なるものに再び霊性を回復するためにも役立っているのである。

「グローバル化」は、宗教を特定の集団と空間に結びつけていた共同体的繫がりをゆるめ、断ち切ってしまう。だが同時に、この切断は、アイデンティティーを求める欲求を育み、共同体へのノスタルジーを背景として、その記念物があふれている場を再聖化する原因にもなる。

「個人化」は最も目立った特徴の一つであって、カトリシスムのように、〔教会への〕服従を強調する最も保守的な宗教システムにおいてすら明らかな現象である。一九九四年には、十八歳以上のフランス人の七一パーセントが「今日では、一人ひとりの人間が教会から独立して、自分の宗教を自分で決めなければならない」と考えている（CSA、『ル・モンド』紙、『ラ・ヴィ』誌世論調査）。

「合理性」に関しては、本質的な二つの面が考慮されるべきである。その一方は、官僚制的合理化プロセスであって、それは全体社会で展開中であり、他のどの組織もそうであるように、宗教組織もそのプロセスからは免れないものである（ピーター・バーガーの分析を参照のこと）。他方は、宗教の合理化プロセスそのものである。つまり「システムの自己再帰性」があらゆる実践を問題とすることによって、伝統への批判的関係を産みだすのである。社会が宗教という後見から自由になることで世俗化するのであれば、宗教のほうもまた、程度の差はあれ、批判的反省や時代精神へと自分を開くことによって、世俗化する。別の言い方をすれば、世俗化は社会のなかでの宗教の地位、その権威に関わるだけでなく、また宗教集団それ自体のなかでの、全体社会の知や実践の位置づけや権威にも関わっているということである。F＝A・イザンベールがキリスト教に関して正しく理解したように[1]、宗教的なるもののうちにも世俗化プロセスが存在するのである。

（1）参考文献第四章【23】五七三～五八九頁。

こうして、W・ハーバーグは古典的研究となったその『プロテスタント――カトリック――ユダヤ教徒』（一九五五年）のなかで、この三つの宗派では、説教が非常にアメリカナイズされてしまった結果、実際には宗派の別を超えたアメリカ性という世俗宗教が説かれているということを示した。B・ウィルソンはそこに二つの異なる世俗化様態を見てとる。「イギリスでは、他のヨーロッパ諸国と同様に、世俗化は教会を放棄することとして見られたのに対して、アメリカでは社会が諸教会を吸収し、それらが互いを区別する宗教的内容を失ってしまうこととして見られたのであった」[1]。

(1) 参考文献第四章【13】一一四頁。

「多元主義」は、さまざまな宗教の、あるいは非宗教の選択を個人の自由な選択の問題にしてしまい、個々の人間の宗教への関わり方を、いずれにせよ、かなり相対的なものとしてしまった。一九九四年に「本当の宗教はただ一つである」という命題に同意するのは、十八歳以上のフランス人のわずか一六パーセントにすぎなかった(CSA、『ル・モンド』紙、『ラ・ヴィ』誌世論調査)。カプローやフィンケといった社会学者は、アメリカという具体例に依拠して、確かに次のように主張したのだった。宗教的多元主義は、いずれの宗教をも確固としたものとして定着させず、一人ひとりの人間にその社会的・宗教的な渇望を満たす無数の方法を供することによって、逆に宗教を強化することになるであろう、と。多元主義は、それがすでに歴史的に定着しており、社会を構成するものとなっている場合には、〔宗教を強化するという〕この方向で機能することがある。その一方で、宗教的なるものが文化としての信憑性を失ってしまうとき、多元主義がそれと連動すると、宗教的なるものの価値はどんどん相対化されていくことになる。同一社会内でさまざまな宗教文化が並立しているというだけで、それぞれの宗教文化の真理性は相対化されていくことになるだろうし、宗教の個人化プロセスはさらに加速されることになろう。要するに、多元主義は〔一方で〕「異端」を一般化するものであり、〔他方で〕それぞれの宗教が人間の選択に依存するものであることを明らかにすることによって、その信憑性を脅かすものなのである。[1] 宗教的多元主義は、それが（北アイルランドにおけるように）共同体を分割する原因であるような場合、また諸宗教の混淆を容易にするような多神論的宗教世界の一つとされるのでもない限り、さまざまな世俗化効果を持つものであろう。たとえば、それは、ピーター・バーガーが正しく理解したように、[2] 諸宗教の官僚制化やその標準化に寄与するであろうし、そうなると宗教は消費者の選好にさらされ、市場の論理に直面させられることになるだろう。

（1） 参考文献第四章【5】一七〇頁。
（2） 参考文献第四章【12】仏訳二一四〜二三三頁。

宗教による社会の独占的支配の消失は、まさにP・バーガーが強調しているように、「社会構造的プロセスであると同時に社会心理的プロセスでもある」[1]。それは宗教の社会的立場――全体社会のなかでの宗教の位置づけとその認識論上の地位――に関わると同時に、信じることの体制に、また一人ひとりの人間の宗教との関わりかたにも関係しているのである。

「宗教的伝統は、社会全体を覆う象徴という性質を失った。社会はそれを包括する象徴体系をよそに見出さねばならなくなったのである。そうなると、依然として宗教的伝統によって規定されるような世界に固執しつづけようとすれば、その人は認識のレベルで少数派の地位――社会心理学的にも理論的にも問題を抱えている地位――に自分がいることを知ることになろう。[2]」

(1) 参考文献第四章【12】仏訳二三九頁。
(2) 前掲書仏訳二四〇頁〔邦訳二三四頁〕。

この変化は宗教の社会的立場の見直しを迫りはしても、その衰退や終焉を意味するものではまったくない。まさにこの意味でこそ、世俗化という批判的問題設定は、つねに新たな発見に富んだものであり続けるのであって、しかもそれは再構成された現代宗教の位置づけをいっそう明確にしうるものであるだけに、ますます豊かなものなのである。

Ⅳ　超近代《ウルトラモダン》の不確定性と宗教

再構成された現代宗教へと立ち戻る前に、近代の解体的影響について述べておく必要があった。それは、たくさんのものが解体されたからというだけでなく、さらに近代それ自体が進化するものだからでもある。G・バランディエが述べているように、世俗化が「完成しえない[1]」ものであるなら、近代もまたそうなのだ。それでもなお近代や世俗化が問題であり続けるなら、そこで問題となるのは、近代の別の位相であり、別のスタイルの世俗化である。

（1）参考文献第四章【24】一七三頁。

われわれは、アンソニー・ギデンスとともに、「ポストモダンという時代に近づいているどころか、今まで以上に近代という時代の徹底化・普遍化局面に突入している[1]」と考えるものである。この局面をわれわれは超近代的《ウルトラモダン》と形容しよう。

（1）参考文献第四章【25】一二〜一三頁〔邦訳一五頁を参照した〕。

マルク・オジェは、三つの過剰をその特徴とする超近代《スーパーモダニティ》(surmodernité)[1]について語っている。それは、時間に関する過剰、空間に関する過剰、そして個人に関する過剰である[2]。時間の過剰とは、過去と同様、現在にも意味を与えようとする欲求を産みだす出来事の過剰によるものである。空間の過剰とは、情報のグローバル化と輸送手段のスピードアップから結果する過剰であって、このグローバル化とスピードアップは、「非―場所」――世界のどこにあっても似通っており、全世界的なものという抽象を形成する通過・流通地点――をどんどん増やしていくのである。最後に個人の過剰とは、個人自体が一つの世界であろうとし、集団として意味を認めることが困難になるほど意味体系が個人化してしまう限りで、そのように言われるものである。

（1）マルク・オジェの『同時代世界の人類学』訳者の森山工氏は「surmodernité」に、「モダニティが過剰に進展した状態」という意味で「スーパーモダニティ」という訳語を当てている（マルク・オジェ『同時代的世界の人類学』第五章、藤原書店、とくに『月刊　機』第一三一号二〇〇二年十一月、一〇頁参照）〔訳注〕。
（2）参考文献第四章【26】参照。

われわれが超近代《ウルトラモダニティ》という言葉を用いるのも同様の視点からである。

ポストモダニティという言葉は近代という時代から脱出しつつあるということを思わせる可能性があるから、用いるべきではないのである。それはあまりにもあいまいなのだ。名高い『ポストモダンの条件』（一九七九年）の著者ジャン＝フランソワ・リオタール自身、そこではポストモダンという時代の断絶を強調しているものの、続いてその時代に働いている連続性の力学を強調しなければならなかった。[1]ヴォルフガンク・ヴェルシュも同様に考え、[2]「われわれのポストモダン的近代」という言い方で、われわれの時代は相変わらず近代ではあるのだが、その新たな年代、とりわけ近代が近代主義やそれにまとわりついている単一性へのこだわりを捨て去って、多元性を高く評価するようになった年代であるという意味を巧みに言い表わしている。われわれの時代は相変わらず近代ではあるのだが、それは呪術や幻想からほんの少し自由になった近代であり、自分自身を批判的に見るようになり、可能なことが必ずしも望ましいものに一致するわけではないことに徐々に気づきはじめた近代なのである（だからといって、近代というユートピアが、とくに国家というシステムの拡大を通して、増殖しつづけていくことが不可能なわけではない[3]。近代という体制が近代主義特有の諸々の確信によってもたらされた変化であったとすると、超近代《ウルトラモダニティ》とは変化であるとともに不確定性でもある。近代主義的確信から超近代的不確定性へというこの進化は、複雑でいかようにも解釈できるものではあるが、近代そのものが非神話化作用を備えているということを証している。近代は、その自己再帰的能力を、批判力をそれ自身に向けることにより、幻想からさめるものである。近代は、近代主義の批判となり、近代それ自体の理想化や絶対化の批判となったのである。この批判の力は、マルクス主義の危機や共産主義体制の崩壊として、政治の領域で遺憾なく発揮されている。

（1）参考文献第四章【27】参照。
（2）参考文献第四章【28】参照。
（3）参考文献第四章【29】参照。

みずからを宗教の代替物としてではなく、宗教のさまざまな表出がそこで繰り広げられる多元論的枠組みとして考えようとする近代が出現するときから、この批判は近代と宗教の関係にも現われる。われわれが「政教分離の非聖化」とか「科学の世俗化」といった表現を用いたのもそのような見方に立ってのことである[1]。近代には哲学や政治の領域で人間や世界の代替概念をいくつも作りだすことができる力があるのだが、近代がその働きを止めてしまうということは、世俗的な理想を世俗化することとして、世俗化を徹底することとなる。それは、逆説的ではあるが、宗教的なるものの社会的・文化的な再評価として現われてくるような徹底化なのである。事実、問題は、超近代《ウルトラモダニテイ》という体制における宗教的なるもののゆくえである。そのような状況にあって、宗教的なるものは社会や個人のレベルでは（あたかも時間・空間の解体に応えることが問題であるかのように）記憶の場として、また集団や個人のアイデンティティーの、祭りや儀礼の供給源として再投入される傾向がある。席巻する近代が文化を解体しようとするものだとしても、それはすべてを解消しつくすことはなかったし、社会という現実はけっして冷徹な道具的合理性がもたらす結果へと還元されてしまうようなものではなかった。何より、〔近代に〕同化吸収されえないことが明らかになったものがある。感情や情念、社会的紐帯の想像的次元、伝統や慣習といったものすべてである。宗教的なるものはまた、行きすぎた個人主義への反動として、集団のアイデンティティーを示すために再投入されてもいる。テオドール・ハンフの言葉を用いるなら[2]、宗教的なるものは「民族製造（ethnurgique）」力を持っているのであって、諸々のアイデンティティーを、つまり他のさまざまなグループに対してみずからを位置づける、その位置づけ方をつくりだすのに役立つのである。

（1）参考文献第四章【30】一八九〜二一三頁。
（2）参考文献第四章【31】一一頁。

ハンフが念押ししているように、宗教は、共同体のアイデンティティーを表わすために簡単に担ぎだされることができるものである。それは、社会化プロセスを通して文化に浸透していく浸透力や儀礼という装置によって、他の要素（たとえば言語）に比して、その種の利用に適した「長所」をいくつか示してさえいる。こうして宗教は、支配―被支配という社会関係のなかで、その当事者たちがそれによってみずからのアイデンティティーを表明することに何らかの利益を見出すような場合には、これからも担ぎだされることになろう。

アイデンティティー問題の回帰、それが超近代《ウルトラモダニティ》という局面の徴なのである。現実に行動が画一化してしまっているという事態に直面するとき、文化的、宗教的、言語的差異への権利が再び主張されるようになる。それゆえ、イヴ・ランベールが「多元主義的世俗化」モデルと呼んだものへ向かう進化がはっきりしてくる。この世俗化モデルとは、つまり「宗教が、社会生活を支配するような力を行使すべきではないが、霊的、倫理的、文化的な、さらには非常に広い意味で、つまり個々人の自律性や民主主義的多元主義を尊重することにおいて、政治的ですらある資源としての役割を十全に果たしうる、そのようなモデル[1]」である。宗教というものは、席巻する近代に抵抗する、いまではほとんど廃れてしまった伝統などではなく、政治的なものが一人ひとりの渇望を官僚制的に管理するだけのものにならないようにするとともに、すべてを相対化していくなかで近代が自壊してしまわないようにする象徴の供給源として、改めて姿を現わしうるようなものなのだ。実際、もはや、一人ひとりの人間を象徴への根づきから解き放つことによって、市民共同体が勝ち取られねばならなかったような時代ではないのであって、逆に、そのような象徴への根づきがいかなる点で脱呪術化した民主主義社会のなかで市民権を行使するための貴重な力となりうるのか、それが改めて見出されるであろう。

(1) 参考文献第四章【32】三二頁。

ドミニク・シュナッペによれば[1]、「民族回帰の社会的機能と宗教回帰のそれ」とのあいだには確かな一致点がいくつもある。宗教経験と民族の権利要求が実際に体験されるとき、その意味は似たものになる傾向がある。「その両者は、合理化と世俗化という一般原理が支配する社会にあって、結果として人間の苦しみに意味を与え、一人ひとりの人間が他人と直接的で感情的な関係を作ることができるようにするものである[2]」。それゆえ、さまざまな宗教感情は、民族感情の場合と同様に、近代それ自体によって育まれ、「近代社会が切り捨てるものやその能力主義への補償」として役立つであろう。まさにこの補償機能においてこそ、宗教的なるものと民族的なるものが、お互い姿を変えながらではあるが、再び近づくのであろう。ここでもまた、超近代《ウルトラモダニティ》の特徴であるように思われる宗教の再構成が問題となっているのであって、要するに、感情的なものや想像的なものが国家や宗教の記憶のなかにあって自由になる象徴という素材を用いて再生されるのである。

(1) 参考文献第四章【33】一四九〜一六二頁参照。
(2) 前掲【33】一五八頁。

道具的合理性の示す冷徹さへの反動として、宗教的なるものは情動や主観性として再投入され、経験のなかで体験される。宗教的なるものの制度の緩和とその言語の流動化、表象される宗教と組織としての宗教の不一致、これらのものが漂流する宗教的シニフィアン、つまりもはや安定した意味体系にしっかりと固定されていないシニフィアンを産みだしている。経験を通して、実際の体験を本物と認めることで、われわれはシニフィアンに意味を与え直すのであるが、それは不安定で一時的な仕方で、でしかないのである。

社会システムのレベルで同様に観察されるのは、われわれがすでに示したように[1]、宗教が倫理として再構成されたものであり、とりわけそれは人権の運用をめぐって観察される。現代の倫理に対するさまざまな疑義や挑戦に直面して、国家というものは、どれほど非宗教的なものであろうと、さまざまな「思想・信条によって結ばれたグループ」がこれらの問題に関する公の議論に参加することを拒まないのであり、また諸々の宗教界に多元主義的民主主義の政治的・道徳的憲章――法治国家における人権と市民権――の認知に力を貸すよう求めもする。このことはヨーロッパ・レベルでは、ヨーロッパ連合でも、またヨーロッパ委員会においても同様に観察されることである。テクノロジー世代の公民精神が一定の危険に備えるための相互的義務の規定に結びついたものである限りで、それゆえ、それが多元主義的かつ個人主義的でありながらも、連帯しつづけねばならないような社会における新たな共生術の規定に関わるものである限りで、政治から倫理へと神聖性が移転する。そこから、倫理的な市民宗教への進化が生じるのである。国家は、テクノロジーやエコロジーの領域で重大な危機に直面している民主主義社会を管理するものとして、倫理的な市民宗教を通して、その状況に見合った公民精神を生みだそうとするものなのだ。したがって、超近代《ウルトラモダニティ》という局面で再構成される宗教は、ただ個人に関わるだけでなく、また倫理的、文化的レベルで社会システムにも関わっているのである。

（1）参考文献第四章【30】参照。

宗教的なるものがこうして社会に再充填されることは、よく言われるような「宗教的なるものの回帰」を意味するものではない。それは世俗化に終止符を打たないし、とりわけ宗教制度が社会や一人ひとりの人間に対する影響力を失っていくことを止めはしない。以上で見たような宗教的なるものの社会的再充填は、超近代《ウルトラモダニティ》の特徴であるが、とくに文化や個人における復権――ただしあくまでも相対的な復権ではある――という形をとる。このような復権は、社会と人間がその根底から世俗化されてしまったということに結びついている。それは、個人や社会に働きかける力としての宗教的なるものの回帰ではないのであって、社会を支配している合理性――主として社会の産出に、つまり社会的行為者と社会的組織の実践を通して社会を創造しつづけていくプロセスに形を与えている合理性――の傍らで、宗教がさまざまに再構成されているということなのである。ブライアン・ウィルソンが指摘しているとおり[1]、宗教がさまざまなカリスマやファンダメンタリズムとして現われているという事態は、実際には、宗教的なるものが世俗的文化によって支配されてしまっていることの現われである。個人の宗教感情あるいは〔社会に〕妥協しようとしないサブカルチャーとしての宗教は、世俗化された社会において宗教が占めている社会的領域を示している。世俗化された社会は、宗教に、姿を現わすことは容認しながらも、その限界を申し渡しているのであって、宗教がこのような限界内へと導かれてしまう場合には、それが近代組織を支配している合理性を改めて問題化することなどあろうはずがない。それでも超近代《ウルトラモダニテイ》が、より宗教的でないのではなく、別の仕方で宗教的であるということに変わりはない。そのような宗教的なるものの別の姿は、とくに二つの方向で明らかになる。一方で、それは宗教的真理への関わり方の見直しを通してであり、他方で、宗教的なるものを社会的に経験する、その経験の仕方の変化を通してである。以上、超近代という局面での宗教的なるものの再構成を見てきたが、その分析こそが現代の宗教社会学の優先的な課題なのである。

（1）参考文献第四章【34】四四八頁。

第五章　宗教の社会学的定義へ

研究者たちが満場一致で支持するような宗教の定義など存在しない。だからこそ、諸々の定義からなる「バベルの塔」について語ることも可能だったのである。[1] 実際、宗教的なるものを分析するにあたっては、そこから宗教的なるものの定義を完全に分離してしまうことは困難であり、提起された諸々の定義は否応なくそれを提起した研究者の研究指針を反映してしまうものである。その一方で、宗教現象はきわめて多様なものであるので、その定義は同一概念のもとに宗教的なるもののバラエティーに富んだ現われを包摂しようとするものでなければならない。つまり、現存するさまざまな宗教の分析に用いることができるものでなければならず、また所与の一宗教（たとえばキリスト教）に一方的に依存することのないものでなければならないのである。ヒンズー教のように、創唱者や教導職のない宗教があるし、仏教のように、最高神や司祭をもたない宗教もある。さらに古代ローマの宗教のように、明確な信仰がなく、主として儀礼を中心に展開した宗教も存在するのである。ローマの諸宗教に関しては、J・シードが次の点を強調している。

「これらの宗教は信仰をはっきりと表明するように求めることはまったくないし、一般的にどんなイニシエーションや教義も持ってはいなかった。宗教の知やいわゆる教義というものは、典礼暦、規定された儀礼、そして伝統的な儀式の執り行ない方だけだったのである。[2]」

（1）参考文献第五章【1】七三〜八五頁。
（2）参考文献第五章【2】一一三頁。

L・カパーニがヒンズー教について示しているように、文化によっては、宗教的なものとそうでないものの区別それ自体が定かでないものがある。

「いわゆるヒンズー教（イギリス人による一八三〇年頃の造語）は、ちょうど現代の西欧において宗教がそうであるように、社会生活と切り離された領域に合致するものではない。ヒンズー教は本質的に社会的かつ宗教的なシステムなのであって、その両者を切り離すことはできないのである。サンスクリット語には――ヒンディー語でもベンガル語などでも同じである――「ダルマ」という言葉があるが、それは宗教という観念に矛盾するものではなく、さらに正確に言うと、宇宙と社会の基礎を、生を規制する規範を意味する言葉である。ダルマとは事物の本性に内在し、社会とともにわれわれ一人ひとりの心の奥に刻みこまれた法則の謂いである。それゆえ、ヒンズー教徒に「あなたの宗教は何ですか?」と尋ねることは、結局「あなたの生き方はどのようなものですか?」と問うことに等しいのである。[1]」

(1)参考文献第五章【3】三七五頁。

「宗教」という言葉を翻訳しがたい言語があるということ自体、社会学が宗教的なるものを反省する際に、その反省は歴史的意味論の探求を含んだものでなければならないということを示している。われわれが「宗教」という言葉で理解しているものもまた、一つの歴史を持つ社会的構成物なのである。この言葉の語源自体、キケロの「relegere」(慎重に繰り返す・再び拾い集める)とラクタンティウスの主張する「religare」(結び直す)のあいだで揺れている。H・アッツフェルトが巧みに示したように[1]、前者の見解は宗教を「伝統的なシンボル活動」として定義することを可能にするものであるから、E・バンヴェニストがその見解に傾いているということはあるにせよ、宗教の語源が依然、未決定の状態にあることに変わりはない。さらに、「宗教」という言葉は、それが(迷信、異端、信仰、不信仰といった[2])他の言葉との関係で定義されるような意味論的場のなかに位置づけられるものであって、これらの区別は、たいていの場合、本物の宗教的なるものをそのように形容されるのがふさわしくないものに対立させる機能を持っているのである（「宗教的」という形容詞自体、「信仰」という名詞に対してふさわしくないことがありうる）。最後に、宗教的なるものを定義する視点としては、複数の学問的視点がありうる。本章で問題となる宗教的なるものの社会学的定義は、他の見方を排除するものではないのである。[3]

（1）参考文献第五章【3】J・ドリュモー編『宗教という事実』参照。
（2）参考文献第五章【4】三五五〜三九四頁参照。
（3）例えば、法学者の見方である。法学者は他のどの立場よりも、宗教的なるものの操作的定義を必要としているのである。この点に関しては、参考文献第五章【5】三二一〜三四二頁参照。

宗教が何をなすか、つまりそれが果たす社会的機能を重視する場合には、宗教のいわゆる機能的定義に至り、また宗教とは何であるのか、すなわちその実質を重視する場合には、その実体的定義を手にすることになる。とはいえ、定義に関するこの二つの領域は、それぞれ一長一短があり、この定義の問題がそれで論じ尽くされてしまうというわけではない。以下では、どうして宗教への機能的アプローチと実体的アプローチの対立を乗り越えることが必要であるように思われるのか、その理由を述べることにしよう。

I　機能的定義

文化人類学の立場から、クリフォード・ギアツは宗教を以下のように定義している。

「〔それは〕象徴の体系であり、人間のなかに強力な、広くゆきわたった、永続する情調と動機づけを打ち立てる。それは、一般的な存在の秩序の概念を形成し、そして、これらの概念を事実の層をもっておおい、そのために情調と動機づけが独特な形で現実的であるようにみえる。(1)」

(1) 参考文献第五章【6】四頁〔邦訳一五〇～一五一頁〕。

このようなアプローチでは、宗教は、とくに、意味を供給し、一人一人の人間が所与の秩序としての世界に出来事や経験を組みこんでいくことを可能にするような象徴の全体として見られる。この仮定された秩序としての世界は経験的な性質を持つものではないが、信者たちはそれを、きわめてリアルなものとして、世俗的な経験よりさらにリアルであるようなものとして考えるのである。

宗教が果たす機能を限定するにあたって、もっと先を行く者たちもいる。J・ミルトン・インガーは、宗教を「それによってある集団が人間の生の究極的な問題を引き受けることができる、信念と実践の体系」[1]と定義することによって、その機能を、死、苦しみ、存在の究極的な意味といった問題への、人間の対処の仕方と同一視している。機能的定義は外延を示す性質を持っているので、それは宗教現象としては現われない現象を「宗教」という言葉で捉えることを可能にする。換言すれば、機能的定義がよく明らかにしうるのは、伝統的宗教の機能的代替物であり、宗教以外の決定機関、別の想像的なものが、世間で認められている宗教的伝統を代替し、そのいくつかの機能を果たすという事実である。この見地に立つと、政治の、スポーツの、また健康の世界で成立した、さまざまな代替宗教があるのではないかと問いたくなる（第三章五節、世俗的宗教性を参照のこと）。まさにこの点にこそ、この定義の有効な操作性があり、また何かを発見させてくれるという長所がある。だが、それほど広い範囲をカヴァーする定義は、外延が広がりすぎたことによって、その対象を雲散霧消させてしまう危険はないだろうか。

（1）参考文献第五章【7】七頁（邦訳二六頁）。

ウィル・ハーバーグは、その『プロテスタント――カトリック――ユダヤ教徒』（一九五五年）のなかで、慣習的宗教――通常、「宗教」と呼ばれているもの、いわゆる「歴史的」宗教――を、操作上の宗教から区別している。後者は宗教に帰属する諸機能――社会に、その究極的意味概念を与え、社会生活を統合し、社会活動を有効なものとする機能——を実際に果たしているものである。そこからすると、多様な社会的機能の遂行に関して、もはや歴史的宗教の出る幕はないということは容易に示される。このようなアプローチによって、確かに、世俗化理論をはっきりと打ちだすことが可能になるのである。

トマス・ルックマンは、宗教的なるものをキリスト教諸教会の宗教へと還元してしまおうとする「教会社会学」の欠点に辟易して、その著『見えない宗教』のなかで、一つの機能的定義を強く勧めたのだった。その定義は宗教に「個体としての人間が生物学的本性を超越する働き」を見ることで、結局のところ、宗教を人間学的な普遍定数とするものである。見えない宗教、拡散した宗教[1]、代替宗教、類比的宗教など、数多くの表現が案出されたが、それは、宗教的なるものが信じることに関わる西欧の大制度（教会）の危機によって尽きてしまうものでなく、不定形で、規制を解かれ、私事化され、個人化された形で、あるいは新たな形で、生き延びていることを説明するためであった。

（1）参考文献第五章【8】参照。

伝統的に宗教が果たしてきた社会的機能が宗教ごとに異なっており、一般的な仕方では同定しがたいということはあるにせよ、はっきりしていることは、その機能のいくつかは別の決定機関、あるいは活動領域によって担われうるものであるし、実際に担われているということである。最終的には宗教的なるものが社会的機能をもはやほとんど果たしていないということもありうる。だからといって、宗教的なるものが社会から消え去ってしまうということになるのだろうか。宗教的なるものを、それが所与の社会において果たす社会的機能に還元してしまうこと、それが間違いなのである。それは、宗教的なるものの功利主義的なとらえ方であって、その伝でいけば、象徴体系をその機能性へ還元することも可能になってしまう。ところで宗教的なるものは、欠乏、不確定性、他性を統《す》べるという点で、おそらくはいかなる機能性をも超えるものなのである。

共産主義社会において、宗教的なるものが、よくも悪くもさまざまな妥協を重ねることは避けられないにせよ、その全体主義的権力を免れているものの一つであったということは、宗教的なるものの位置づけについて何か示してはいないだろうか。要するに、宗教的なるものは、定義上、政治的なものや経済的なものの「全体に及ぼうとする」支配を免れているものであるらしいということである（宗教的なるものが政治的また経済的現象としてもとらえられなければならないことに変わりはないとしても）。言語を分析する場合にそうであるように、社会システム全体を分析する際には、両義性、過剰、欠乏、悲劇的なもの、要するに、象徴的なもの全体に場をゆずらなければならないのである。

Ⅱ　実体的定義

実体的定義において、外延として失うものを内包として手に入れる。宗教の実体的定義の見事な例はR・ロバートソンのものであって、彼が「宗教文化」として理解しているのは次のようなものである。

「経験的実在と超経験的、超越的実在の区別に結びついた、信念と象徴（そしてそこから直接に派生する諸価値）の総体。経験的なものに関わる事柄は、経験的でないものからの意味づけに従っている。[1]」

（1）参考文献第五章【9】四七頁。

メルフォード・スパイロの場合、「制度」という言葉で、社会的に共有されている行動と信念のモデルを理解しているのだが、彼は宗教のなかに「文化が、みずから要請する超人的存在とのあいだに形成する相互作用からなる制度[1]」を見ている。

（1）参考文献第五章【10】九六頁。

いずれにしても、宗教の実体的定義は、宗教を超越的なもの、超自然的なものと結びつけるものであって、B・ウィルソンはいまでもこの立場を堅持しつづけている。実体的定義は、そうすることで、少なくとも西欧社会における「宗教」という言葉の社会的用法と一致するのである。〔実体的定義の〕もう一つの長所は、それらが、超越に関わらないもののいっさいを一挙に宗教的なるものの領域から遠ざけることによって、比較的明確な仕方でその対象を限定することができるというものである。だが、そのような定義は、あからさまにではないにせよ、既存の、一つ、あるいは複数の歴史的宗教に結びついたままであることが多いのではないか。あらゆる宗教が超越に向けられているわけではないのであって、むしろ神を持たない宗教すら存在している。そのうえ、〔宗教を超越的なものとの関係で考えない〕宗教の脱超越化という仮説――たとえば、キリスト教の「神の死」の神学の系譜が主張しているようなもの――を、われわれは「ア・プリオリに」排除してしまうことはできないのである。宗教的なるものの実体的定義は、宗教的なるものを所与の形に固定してしまう危険があるので、宗教変動を説明することができなくなる可能性がある。どのような宗教も姿を変えるのであり、宗教的なるものが構成する〔宗教という〕このきわめて多様性に富んだ、象徴的実践の世界は、深刻な変動をこうむっている。「宗教」という言葉で理解されるものは、時代によってまったく異なっている可能性があるのである。

超経験的実在、超越、超自然。その内容がきわめてあいまいなこれらの言葉は、いつでも歴史や文化に即して定義されることになるから、宗教の実体的定義の限界を示すものである。いずれにしても、実体的定義はいつでも、宗教的なるものの特定の見方、たいていは西欧的な見方から、何が宗教的で、何がそうでないのか、決定しようとするものなのである。ところで、宗教的なるものが（たとえば、徹底的に内へと向かう方向性を取ることによって）たどるやもしれぬ未知なる進化の結果、宗教の形態は千差万別になる可能性だってあるのだから、宗教を観察する者はきわめて慎重であらねばならない。以上のような理由から、純粋に実体的な基準に基づいて、宗教を社会学的に定義することは難しいのである。

Ⅲ　社会的活動かつカリスマ的権能としての宗教

われわれは、宗教の実体的アプローチからも、また機能的アプローチからも距離をとり、宗教を「カリスマ的権能との関係を介入させる規則的な社会的活動」と考えることを提案する。ウェーバーはその宗教社会学冒頭で「ある特殊な共同体行為」と慎重に言っていた。この最初につけた見当は、まったく不充分なものではあるが、それにはただちに二つのことを強調するという格別の長所がある。すなわち、問題が社会的行為であるということ、そしてこの行為が共同体において展開されるものであるということ、この二つである。この社会的行為をより正確に特徴づけるために、われわれは次のように言おう。

それは「儀礼と信念による規則的な象徴的コミュニケーション」をその本質とするものであると。それがあらゆる宗教システムの核心にあるものである。宗教は礼拝によって、つまり行ない方はさまざまであるが、どれも規則的に行為者を集める象徴的な儀礼装置によって姿を現わすのであり、行為者のほうでは、この装置と多面的な関係を結びつづけるのである。

この規則的な象徴的コミュニケーションは、創始者的（あるいは革新者的）カリスマ、つまり伝承の仕方はどうあれ、とにかく伝えられ、一つの系譜を確立するカリスマを介入させるものである。宗教の社会学的定義は、「超経験的実在」あるいは「超越的実在」といった概念、つまりあらゆる宗教世界に適用しがたいうえに、社会学的に操作することも厄介な概念を参照するのではなく、「超越」あるいは「啓示」と呼び習わされているものを、それを現わす社会的実践から把握するものとならねばならない。要するに、人びとがその人にカリスマを認めることで、その権威が社会的に正当化される宗教指導者の出現から把握しなければならないのである。カリスマというものが確かにある個人的な権力の、社会への出現を意味しているのだとしても、それはまた「他」という権力――それを規制するものが通常そうであるような制度や伝統ではなく、またそれが問題とするのも通常の争点、つまり経済や政治ではないという意味での「他」――の出現を体現するものでもある。カリスマは、それが他性を介入させるものであるからこそ、断絶をもたらす力なのであり、〔宗教を〕創設しうるものなのである。社会学的見地から見た宗教とは、確かに有効性の原理ではあるが、それは「社会的」有効性の原理であって、伝承されるカリスマ的支配が社会にもたらすさまざまな結果である。

どの宗教世界も、その創唱者や伝承者の手を離れ、ありとあらゆる解釈や利用が可能で、制度や社会のさまざまな規制に従う記号世界といった相貌を露わにしていく。われわれが創始者的あるいは「革新者的」カリスマという言い方をするのは、起源の問題に明確な答えはないということをしっかりと強調しておくためである。〔宗教が〕創設されるプロセスはどの場合でも複雑なものだが、「そのカリスマが何らかの仕方で伝承される段階に達するとき、〔宗教は〕創設される」。宗教は、それゆえ、創始者的カリスマと一つの系譜を巻きこんだものである。それは「創始者的カリスマへ関わり、社会的紐帯を産みだす、儀礼と信念による規則的な象徴的コミュニケーション」なのである。宗教における社会的紐帯の独特な性質を説明するには、贈与というパラダイムが実に有効である。C・タロが示唆したように、宗教的なるものは、実際、三つの紐帯の交差点で展開するのだが、これらの紐帯は贈与の次元を機能させるものなのである。この三つの紐帯とは、先祖と子孫を結ぶ系譜という縦の紐帯、宗教における同胞間の横の紐帯、そしてこれら二つの紐帯が接続している、他性に関わる垂直の紐帯である。このように考えて、われわれは、社会学的立場から、宗教を「贈与と連関する社会的紐帯」として説明することを提案したことがある。(1)

（1）参考文献第五章【11】二四七〜二六八頁。

創始者的カリスマに関わり、宗教的な社会的紐帯を産みだす仕方はいくつもある。制度、儀礼、信仰体系、聖典、一人一人の信者、カリスマ的人物といった、さまざまな要素がこの創始者カリスマへの関係を媒介することができ、紐帯の作り方に関わっている。実際、それぞれの宗教世界を特徴づけているのは、その世界がこれらの要素のどの要素に、排他的と言ってもよいような特権を与えているか、ということなのである。

宗教システムが社会的紐帯を産みだすのは、ただ個々のネットワークや集団（諸々の制度や共同体）を出現させることによってだけではない。さらに一つの精神世界——それを通して、一人ひとりの人間や諸々の団体が特定の人間観・世界観を所与の世界のなかで表現し、またそれを生きる、そのような世界——を明確にすることによってでもある。言い換えるなら、宗教世界とは、それが原因となって引きおこされる、社会へのさまざまな関与に尽きるものではないのである。宗教社会学が、宗教組織とその構成員の研究に尽きてしまい、宗教研究を文明研究や文化研究の一環としないでおくようなものなら、それはまったく内容のない空疎なものであるだろう。カリスマの伝承は組織を産みだすばかりでなく、一つの文化を積み重ねていくことでもあるのである。

われわれが提案する定義は、宗教世界とその社会的影響を、行為者、組織、イデオロギーという三つのレベルで把握することを可能にするものである。行為者のレベルでは、その定義が、宗教活動を社会的活動として、それも一つの象徴世界に結ばれていて、その正当性の問題に直面している一人ひとりの人間を結びつける社会的活動として強調するものだからである。組織のレベルでは、宗教というものが一つの装置——しっかりと定着し、作業手順や権力行使の手順を備えた装置——であるからだ。イデオロギーのレベルでは、宗教というものが、語られ、テキストに書き留められ、注釈されつづける表象と実践の総体であるからである。これらのどのレベルでも、カリスマが問題になる。つまりカリスマの、〔イデオロギーのレベルでは〕イデオロギーとしての合理化が、〔組織のレベルでは〕集団の管理が、〔行為者のレベルでは〕社会的実効性が、問題となるのである。「宗教的指導者が存在しない宗教などないのであり、宗教社会学は何よりこの独特な社会関係〔指導者と信者の関係〕の多様な社会的影響の研究である」。自分が知っているのはただ国家の官吏だけだといって、国家を実体化させないようにしているウェーバーの顰《ひそ》みにならい、宗教社会学者は宗教を実体化すべきではない。本当のことをいえば、彼が知っているのは、時間空間のなかで、何らかの関係を紡ぎあい、カリスマ保持者と繋がる系譜を明らかにする行為者だけなのである。ピエール・ルジャンドルは一義的な宗教概念に換えて、儀礼性、系譜、政治という三幅対を置いている(1)。確かに、宗教的なるものは権力〔正当性の問題〕、系譜〔伝承の問題〕、それゆえ準拠〔起源の問題〕に関わっている。宗教とはこれらの問題を連関させる象徴的活動なのである。社会学者がカリスマやその伝承について語るとき、それを自分なりの言い方で述べることはあっても、それ以外のことを言ってはいない。そして彼の目に、宗教が汲み尽くしえない社会現象であるように映るのは、まさにカリスマがどこまでも御しがたいものであるからである。伝統が語りつづけるにせよ、あるいは別の預言者が出現するにせよ、カリスマとは飼い馴らすことのできないものなのである。

（1）参考文献第五章【12】四〇頁。

訳者あとがき

本書は、Jean-Paul Willaime, *Sociologie des religions* (Coll. « Que sais-je? » no.2961, P.U.F., 3e éd., Paris, 2005)の全訳である。なお、翻訳にあたっては明らかな誤植のほかに、そのままだと意味がとりにくい文章を原著者に問い合わせたうえで、その指示に従って変更し、訳した部分がある。

原著者J=P・ヴィレーム氏は、現在、国立高等研究院第五部門（宗教学部門）で「プロテスタンティスムの歴史と社会学」講座教授として指導・研究に当たる一方で、CNRSの「社会、宗教、ライシテ」グループの長として研究指揮を執る立場にあり、フランスの指導的な宗教社会学者の一人と言っていいであろう。そのような立場にある研究者の常として、著作も多い。今回翻訳された本書のほかに、

・『職業としての牧師。二十世紀の終わりにおける聖職者の条件の社会学』（*Profession : Pasteur. Sociologie de la condition du clerc à la fin du XXe siècle*, Genève, Labor et Fides, 1986.）

・『プロテスタントの脆弱性。現代プロテスタンティスムの社会学』（*La precarité protestante. Sociologie du protestantisme contemporain*, Genève, Labor et Fides, 1992.）

・『プロテスタンティスム』（*Le protestantisme*, Paris-Besançon, Cerf-CRDP, 1998.）

・『社会学と宗教。古典的アプローチ』（ダニエル・エルヴュー・レジェとの共著）（*Sociologies et religion. Approches classiques*, Paris, PUF, 2001.）

・『ヨーロッパと宗教。21世紀の争点』（*Europe et religions. Les enjeux du XXI*^e^ *siècle*, Paris, Fayard, 2004.）

また編書には、

・『新たなエキュメニズムへ。エキュメニズムの現代的パラドクス――統一の追求とアイデンティティーの探求』（*Vers de nouveaux œcuménismes, Les paradoxes contemporains de l'œcuménisme: recherches d'unité et quêtes d'identité*, Paris, Cerf, 1989.）

・『学校世界と宗教』（*Univers scolaires et religions*, Paris, Cerf, 1991.）

・『ヨーロッパの宗教と変容』（ギルベール・ヴァンサンとの共同編集）（*Religions et transformations de l'Europe*, Strasbourg, Presses Universitaires de Strasbourg, 1993.）

・『宗教の記憶のために』（*Pour une memoire des religions*, Paris, La Découverte, 1996.）

・『メディアとそれに映る宗教』（ピエール・ブレションとの共同編集）（*Medias et religions en miroir*, Paris, PUF, 2000.）

・『コミューンにおける宗教的なるもの。フランスにおける宗教多元主義の地域的調整』（フランク・フレゴシとの共同編集）（*Le religieux dans la commune. Regulations locales du pluralisme religieux en France*, Genève, Labor et Fides, 2001.）

・『宗教的なるものの現代的変容』（ジャン＝ロベール・アルモガットとの共同編集）（*Les mutations contemporaines du religieux*, Turnhout, Brepols, 2003.）

さらに近年、発表された論文には、「ペンテコステ派運動」、「第二次大戦以降のヨーロッパにおけるフランス語による宗教社会学」、「カルトの社会学的定義」、「プロテスタンティスムとグローバリゼーション」、「プロテスタンティスムとエキュメニズム」、「ウルトラモダニティにおける宗教」、「世俗化——例外としてのヨーロッパ？　宗教社会学における、一概念への回帰とそれに関する議論」といったタイトルが並んでいる。

ヴィレーム氏の社会学的関心は、現代におけるプロテスタンティスムのありようへ、またプロテスタンティスムと他宗教との関係、すなわちエキュメニズムへ、さらには西欧世界における宗教や宗教的なるものの進化・変容へ、そしてそれらを包括する形で宗教社会学の歴史、理論にまで及ぶものであると見受けられる。現代社会における具体的な宗教事象の分析に定位し、それを現代社会という全体のなかに位置づけながら理解しようと試み、さらに包括的な、宗教の社会学的理解へ向かうという研究の足取りは本書において凝縮された形で現われていると言えるかもしれない。

なお氏の文章のなかには、すでに日本語に翻訳されているものもある。『図説世界の宗教大事典』（ぎょうせい、一九九二年）所収の「ドイツの宗教学」（ドイツ宗教学の特徴を剔抉し、その見るべき業績の透徹した概観）の項、また論文としては『東洋学術研究』通巻第一二二号（第二九号―二）に収められている「宗教とヨーロッパの形成」がそれである。後者はインターネット上で読むことができる。

さて、序文に明確に示されているとおり、本書は宗教社会学への入門書として著わされたものである。著者はそのため、まず現代の宗教社会学が依って立つ土台（古典的社会学者の宗教へのアプローチとその意味）を明らかにし、ついで西欧社会における宗教社会学の制度的成立・その拡大深化の過程、またそれに伴う方法論的反省を「教派的宗教社会学から宗教社会学へ」として記述する。とくにル・ブラ以降、CNRSの「宗教社会学グループ」が主導的に展開していくフランスの宗教社会学の拡大深化について、代表的社会学者とその業績を一つ一つ取りあげながら述べていくさまは印象的で、読者もその生成に立ち会っているかのような感を覚えるのではなかろうか。戦後のフランス宗教社会学についての、簡にして要を得た紹介は、類書にない本書の特徴の一つであろう。

また一方で、確かに本書は「入門書」ではあるが、単なる学説紹介にとどまるものではない。著者は、現代宗教社会学が論じるべき宗教現象――いわゆる「宗教的なるものの拡散化と先鋭化」――のさまざまな分析や解釈を概観したのち、そのような現代的現象の社会学的理解を、自分自身の立場を明らかにしたうえで、示しているからである。著者はこの問題を、世俗化の議論を介して「宗教と近代」という大きな枠組みで捉え直す。そこで示されるのは、現代を、近代の徹底化局面としての「ウルトラモダニティ」と捉える著者自身の立場である。（とはいえ、著者自身がさまざまな研究者の見解を引用して、みずからの立場を正当化しているのである以上、現代をそのように捉えることが著者独自の立場だということではない）。本書は、現代における宗教的なるものの、一つの可能な解釈の構築であり、その提示であるという点で、著者の言葉を借りれば「野心的な」入門書である。さらに、著者自身は機能分化と個人化を特徴とする限定的な世俗化概念に一定の信憑性を与え、それに依拠して分析を進めているが、そもそも全体社会を覆うような（たとえば西欧中世のカトリック教会のような）制度宗教が存在しなかった日本には、「聖なる天蓋」の衰退過程としての世俗化概念は適用しがたいと考えられている。そうであるなら、現代日本に生きるわれわれは本書の議論をそのまま首肯していればよいという訳ではないのであって、著者自身が「批判的な思考が自分で道を切り開かなくてはならない」（一二三頁）と言っているように、読者はみずからの経験に注意しながら、その「批判的思考」を鍛えあげていくように誘われている、とも言えよう。

訳者は、勤務先で宗教学を講じてはいるものの、宗教社会学を専門とするものではない。それゆえ、翻訳にあたっては、原著者に問い合わせながら、できるだけ正確な理解を得るよう努めはしたが、なお理解の行き届かぬところが残っていることであろう。ご叱正いただければ幸いである。

ヴィレーム氏は二〇〇六年十一月に、大谷大学とフランス国立高等研究院との合同シンポジウムのために来日され、「ウルトラモダニティという文脈における宗教」というタイトルで発表された。

宗教社会学の専門家ではない訳者にとって、このシンポジウムの機会に原著者その人の知己を得たことはとてもありがたいことだった。最後になるが、拙いフランス語での、さらに輪をかけて拙い質問にも丁寧に時間をかけて応じ、説明してくださったジャン＝ポール・ヴィレーム教授にまず心より感謝したい。そのご好意にどれだけお応えできたか、内心忸怩たる思いがある。また、そのような出会いの場を与えてくださった大谷大学文学部門脇健教授にも同様に感謝申し上げる。そして時間の迫るなか、大車輪の働きで、さまざまにサポートしてくださった白水社編集部の中川すみさんに厚く御礼申し上げる。

二〇〇七年二月

林伸一郎

参考文献

序

【1】M. B. McGuire, *Religion : The Social Context*, Wadsworth Publishing Company, Belmont (CA), 5e éd., 2002.
【2】K. J. Christiano, W. H. Swatos (Jr) and P. Kivisto, *Sociology of Religion. Comtemporary Developments*, Walnut Creek (CA), 2002.
【3】H. Desroche, *Sociologies religieuses*, Paris, PUF, 1968.
【4】H. Desroche et J. Séguy (éd.), *Introduction aux sciences humaines des religions*, Paris, Cujas, 1970.
【5】S. Aquaviva, E. Pace, *La sociologie des religions*, trad. de P. Michel, Paris, Cerf, 1994.
【6】D. Hervieu-Léger, J.-P. Willaime, *Sociologies et religion. Approches classiques*, Paris, PUF, 2001.
【7】J. A. Beckford, *Social Theory and Religion*, Cambridge, University Press, 2003.

第一章

【1】R. A. Nisbet, *La tradition sociologique*, Paris, PUF, 1984.〔R・A・ニスベット『社会学的発想の系譜』(中久郎監訳), アカデミア出版会, 1975年〕.
【2】J. Baubérot, J. Béguin *et al.*, *Cent ans de sciences religieuses en France*, Paris, Cerf, 1987.
【3】E. Poulat, *Liberté. Laïcité. La guerre des deux France et le principe de la modernité*, Paris, Cerf-Cujas, 1987 (IIIe Partie).
【4】id., *Église contre bourgeoisie*, Paris, Casterman, 1977.
【5】H. Desroche, *Marxisme et religions*, Paris, PUF, 1962.
【6】H. Portelli, *Gramsci et la question religieuse*, Paris, Anthropos, 1974.
【7】M. Bertrand, *Le statut de la religion chez Marx et Engels*, Paris, Éditions Sociales, 1979.
【8】A. Antoine, *L'impensé de la démocratie. Tocqueville, la citoyenneté et la religion*, Paris, Fayard, 2003.
【9】La livraison de *Social Compass* sur « Tocqueville et la religion », vol.38, n°3, 1991.
【10】F.-A. Isambert, *Le sens du sacré. Fête et religion populaire*, Paris, Éditions de Minuit, 1982.
【11】R. N. Bellah, Morale, religion et société dans l'œuvre durkheimienne,

Archives des sciences sociales des religions, 69, (1990 janvier-mars).
【12】 J.-Cl. Filloux, Personne et sacré chez Durkheim, *Archives des sciences sociales des religions*, 69, 1990.
【13】 J. Baubérot, *Vers un nouveau pacte laïque?*, Paris, Le Seuil, 1990.
【14】 M. Mauss, *Œuvres*, I : *Les fonctions du sacré*, Paris, Minuit, 1968.
【15】 M. Mauss et H. Hubert, *Essai sur la nature et la fonction du sacrifice,* 1899.〔M・モース／H・ユベール『供犠』（小関藤一郎訳），法政大学出版局，1983年〕.
【16】 id., Introduction à l'analyse de quelques phénomènes religieux, (1906), in M. Mauss, *Œuvres*, I.
【17】 F.-A. Isambert, Henri Hubert et le temps sacré, in *De la religion à l'éthique*, Paris, Cerf, 1992.
【18】 G. Richard, L'athéisme dogmatique en sociologie religieuse, in *Revue d'histoire et de philosophie religieuses*, n°2, p.125-137 et n°3, 1923, p.229-261.
【19】 P. Watier, *Georg Simmel sociologue*, Belval, Circé, 2003.
【20】 G. Simmel, Problèmes de la sociologie des religions, *Archives de sociologie des religions*, 9e année, n°17, janvier-juin 1964.
【21】 id., *Die Religion*, Francfort-sur-Main, Rütten et Loening, 1906.〔G・ジンメル『宗教の社会学』（居安正訳），世界思想社，1981年〕.
【22】 J. Séguy, Aux enfances de la sociologie des religions : Georg Simmel, *Archives de sociologie des religions*, 9e année, n°17, janvier-juin 1964.
【23】 M. Weber, *Économie et société*, t.1, 1921 ; Paris, Plon, 1971.〔M・ウェーバー『宗教社会学』（武藤一雄／薗田宗人／薗田担訳），創文社，1976年〕.
【24】 M. Hirschhorn, *Max Weber et la sociologie française*, Paris, L'Harmattan, 1988.
【25】 E. Troeltsch, *Die Soziallehren der christlichen Kirchen und Gruppen* (1922), Scientia Verlag Aalen, 1965.〔E・トレルチ「キリスト教社会哲学の諸時代・諸類型」，『トレルチ著作集7 キリスト教と社会思想』（住谷一彦ほか訳），ヨルダン社，1981年〕.
【26】 J. Séguy, *Christianisme et société. Introduction à la sociologie de Ernst Troeltsch*, Paris, Cerf, 1980.
【27】 J. Wach, *Sociologie de la religion*, Paris, Payot, 1955.
【28】 M. Meslin(éd.), *Maître et disciples dans les traditions religieuses*, Paris, Cerf, 1990.
【29】 J.-P. Willaime, *Profession : pasteur*, Genève, Labor et Fides, 1986.
【30】 M. Weber, *L'ethique protestante et l'esprit du capitalisme suivi d'autres essais*, trad. J.-P. Grossein, Paris, Gallimard, 2003.〔M・ウェバー『プロテスタンティズムの倫理と資本主義の精神』ワイド版（大塚久雄訳），岩波文庫，1991年〕.
【31】 id., *Gesammelte Aufsätze zur Religionssoziologie*, Tübingen, Mohr, 1920.
【32】 id., *Sociologie des religions*, textes réunis et traduits par J.-P. Grossein,

Paris, Gallimard, 1996.
【33】id., *Le judaïsme antique*, trad. F. Raphaël, Paris, Plon, 1970.〔M・ウェーバー『古代ユダヤ教』上・中・下（内田芳明訳），岩波文庫，2004年〕.
【34】id., *Confucianisme et taoïsme*, trad. C. Colliot-Thélène et J.-P. Grassein, Paris, Gallimard, 2000.〔M・ウェーバー『儒教と道教』（木本德雄訳），創文社，1971年〕.
【35】Ph. Besnard, *Protestantisme et capitalisme. La controverse postwébérienne*, Paris, Armand Colin, 1970.
【36】R. K. Merton, *Élements de théorie et de méthode sociologique*, trad. H. Mendras, Brionne, Gérard Monfort, 1965.〔R・K・マートン『社会理論と社会構造』（森東吾ほか訳），みすず書房，1961年〕.
【37】J. M. Yinger, *Religion, Society and the Individual : An Introduction to the Sociology of Religion*, New York, Macmillan, 1957 (trad. franç., *Religion, société, personne*, Paris, Éditions universitaires, 1964.〔J・M・インガー『宗教社会学I 宗教社会学の方法』（金井新二訳），ヨルダン社，1989年〕.
【38】Le n°43 de *Sociétés* (1994) coordonné par P. Watier, et le vol.LXXXIX, 1990, *des Cahiers internationaux de sociologie*.

第二章

【1】A. Woodbury Small, Fifty years of sociology in the United States (1865-1915), *American Journal of Sociology*, 21, 1916.
【2】Y. Fukuyama, Groupes religieux et sociologie aux Etats-Unis, *Christianisme social*, 71e année, 1963, nos.9-12.
【3】J. Heilbron, Pionniers par défaut? Les débuts de la recherche au Centre d' études sociologiques (1946-1960), *Revue française de sociologie*, XXXII, 1991.
【4】H.Richard Niebuhr, The Social Sources of Denominationalism, Henry Holt and Co. 1929.〔H・R・ニーバー『アメリカ型キリスト教の社会的起源』（柴田史子訳），ヨルダン社，1984年〕.
【5】G. Le Bras, *Études de sociologie religieuse*, t.I : *Sociologie de la pratique religieuse dans les campagnes françaises*, Paris, PUF, 1955, t.II : *De la morphologie à la typologie*, Paris, PUF, 1965.
【6】J. Estruch, Sociology of religion in Spain, *Social Compass*, vol.XXIII, n°4, 1976.
【7】E. Poulat, Le Groupe de sociologie des religions, Quinze ans de vie et de travail (1954-1969), *Archives de sociologie des religions*, n°28, juillet-décembre, 1969.
【8】S. Bonnet, *Sociologie politique et religieuse de la Lorraine*, Paris, Presses de la FNSP, 1972.
【9】F.-G. Dreyfus et A. Coutrot, *Les forces religieuses dans la société française*, Paris, Colin, 1965.

【10】 J.-P. Willaime, Les apports de la sociologie à l'étude du protestantisme français contemporain, *Bulletin de la Société de l'histoire du protestantisme français*, t.148, octobre-novembre-décembre, 2002.
【11】 E.-G. Léonard, Les conditions de la sociologie protestante en France, *Archives de sociologie des religions*, 8, 1959.
【12】 K.-F. Daiber/T. Luckmann (hg.), *Religion in den Gegenwartsströmungen der deutschen Soziologie*, München, Chr. Kaiser Verlag, 1983.
【13】 S. Bruce, *A House Divided. Protestantism, Schism and Secularization*, London-New York, Routledge, 1990.
【14】 J.-P. Willaime, *La précarité protestante*, Genève, Labor et Fides, 1992.
【15】 D. Martin, *Pentecostalism : The World their Parish*, Oxford, Blackwell, 2002.
【16】 S. Fath, *Billy Graham, pape protestant ?*, Paris, Albin Michel, 2002.
【17】 S. Fath(éd.), *Le protestantisme évangélique. Un christianisme de conversion. Entre ruptures et filiations*, Turnhout, Brepols, 2004.
【18】 *L'observation quantitative du fait religieux*, Lille, Centre d'histoire de la région du Nord et de l'Europe du Nord-Ouest de l'Université Charles-de-Gaulle-Lille III, 1992.
【19】 G. Michelat, L'identité catholique des Français, I : Les dimensions de la religiosité, *Revue française de sociologie*, XXXI-3, 1990.
【20】 F. Héran, Le rite et la croyance, *Revue française de sociologie*, XXVII-2, 1986.
【21】 G. Davie, « An ordinary God » : The paradox of religion in contemporary Britain, *British Journal of Sociology*, vol. 41, n°3, 1990.
【22】 G. Ahern, G. Davie, *Inner City God*, London, Hodder & Stoughton, 1987.
【23】 J. Sutter, *La vie religieuse des Français à travers les sondages d'opinion (1944-1976)*, Paris, Éd. du CNRS, 1984.
【24】 J. Stoetzel, *Les valeurs du temps présent*, Paris, PUF, 1983.
【25】 H. Riffault (éd.), *Les valeurs des Français*, Paris, PUF, 1994.
【26】 P. Bréchon (éd.), *Les valeurs des Français. Évolutions de 1980 à 2000*, Paris, Armand Colin, 2000.
【27】 Les valeurs des Européens, *Futuribles*, juillet-août, 2002, n°277.
【28】 C. Y. Glock, On the study of religious commitment, *Research Supplement, Religious Education*, 57, 4, 1962. Repris dans C. Y. Glock et R. Stark, *Religion and Society in Tension*, Chicago, Rand McNally, 1965.
【29】 Le confucianisme, dans *Le Fait religieux* (sous la dir. de Jean Delumeau), Paris, Fayard, 1993.
【30】 L. Vandermeersch, É. Poulat, La CIRS de la fondation à la mutation : réflexions sur une trajectoire et ses enjeux, *Social Compass*, vol. XXXVII, n°1, mars 1990.

【1】E. Barker (ed.), *New Religious Movements : A Perspective for Understanding Society*, New York-Toronto, The Edwin Mellen Press, 1982.

【2】id., *New Religious Movements : A Practical Introduction*, London, Her Majesty's Stationery Office, 1989.

【3】J. A. Beckford, *Cult Controversies. The Societal Response to New Religious Movements*, London, Tavistock Publications, 1985.

【4】id., (ed.), *New Religious Movements and Rapid Social Change*, London-Paris, Sage Publications-Unesco, 1986.

【5】B. Wilson, *The Social Dimensions of Sectarianism : Sects and New Religious Movements in Contemporary Society*, Oxford, Clarendon Press, 1990.

【6】M. B. McGuire, Religion and healing, in P. E. Hammond (ed.), *The Sacred in a Secular Age*, Berkley, University of Calfornia Press, 1985.

【7】P. Bourdieu, Le champs religieux dans le champ de manipulation symbolique, in G. Vincent (éd.), *Les nouveaux clercs*, Genève, Labor et Fides, 1985.

【8】J.-F. Mayer, *Les nouvelles voies spirituelles. Enquête sur la religiosité parallèle en Suisse*, Lausanne, L'Âge d'homme, 1993.

【9】A. Agadjanian, Les cultes orientaux et la nouvelle religiosité en Russie, dans *Revue d'études comparatives Est-Ouest*, vol.XXIV, n°3-4, septembre-decembre, 1993.

【10】M. E. Marty and R. S. Appleby (eds), *Fundamentalisms Observed*, Chicago-London, The University of Chicago Press, 1991.

【11】E. Patlagean et A. Le Boulluec (éd), *Les retours aux écritures. Fondamentalismes présents et passés*, Louvrain-Paris, 1993.

【12】E. Poulat, La querelle de l'intégrisme en France, *Social Compass*, vol.XXXII, n°4, 1985.

【13】J.-P. Willaime, *La précarité protestante. Sociologie du protestantisme contemporain*, Genève, Labor et Fides, 1992.

【14】id., Le fondamentalisme protestant nord-américain, in *Les Cahiers rationalistes*, mai 1994.

【15】R. Azria, « Intégrisme juif »? ou la norme impossible, *Social Compass*, vol.XXXII, n°4, 1985.

【16】G. Kepel, *Les banlieues de l'Islam. Naissance d'une religion en France*, Paris, Le Seuil, 1987.

【17】F. Burgat, *L'islamisme au Maghreb : la voix du Sud*, Paris, Karthala, 1988.

【18】M. Arkoun, Entretien, *Revue Tiers Monde*, t.XXXI, n°123, juillet-septembre, 1990.

【19】J. A. Beckford, *The Trumpet of Prophecy A Sociological Study of Jehovah's Witnesses*, Oxford, Blackwell, 1975.

【20】 J. Gutwirth, Le suicide-massacre de Guyana et son contexte, *Archives de sciences sociales des religions*, 47/2, 1979 (avril-juin).
【21】 M. Löwy, *Rédemption et utopie. Le judaïsme libertaire en Europe centrale*, Paris, PUF, 1988.
【22】 R. Corten, Pentecôtisme et politique en Amérique latine, *Problèmes d' Amérique latine*, n°24, janvier-mars, 1997.
【23】 P. Michel, *La société retrouvée. Politique et religion dans l'Europe soviétisée*, Paris, Le Seuil, 1988.
【24】 F. Aubin, Chine : islam et christianisme au crépuscule du communisme, dans G. Kepel (éd.), *Les politiques de Dieu*, Paris, Le Seuil, 1993.
【25】 J.-M. Donegani, *La liberté de choisir : pluralisme religieux et pluralisme politique dans le catholicisme français contemporain*, Paris, Presses de la FNSP, 1993.
【26】 K. Schmitt, Groupements confessionnels et groupements politiques, dans *France-Allemagne. Églises et société du concile Vatican II à nos jours*, Paris, Beauchesne, 1988.
【27】 J.-P. Willaime, *Europe et religions. Les enjeux du XXIe siècle*, Paris, Fayard, 2004.
【28】 R. N. Bellah and P. E. Hammond, *Varieties of Civil Religion*, San Franscisco, Harper & Row Publishers, 1980.
【29】 H. Kleger, Alois Müller (hg.), *Religion des Bürgers. Zivilreligion in Amerika und Europa*, München, Chr. Kaiser, 1986.
【30】 J.-P. Willaime, La religion civile à la française et ses métamorphoses, *Social Compass*, vol.XL, n°4, 1993.
【31】 R. Motta, Ethnicité, nationalité et syncrétisme dans les religions populaires brésiliennes, Social Compass, vol.XLI, n°1, 1994.
【32】 J.-P. Willaime (dir.), Vers de nouveaux æcuménismes. Les paradoxes contemporains de l' æcumenisme : recherches d' unité et quêtes *d'identité*, Paris, Cerf, 1989.
【33】 J.-P. Sironneau, *Sécularisation et religions politiques*, Paris, Mouton, 1982.
【34】 C. Bromberger, A. Hayot, J.-M. Mariottini, Allez l'OM ! Forza Juve !, in *Terrains*, no.8, *Carnets du patrimoine ethnologique*, avril, 1987.
【35】 C. Bromberger, L'Olympique de Marseille, la Juve et leTorino. Variations ethnologiques sur l'engouement populaire pour les clubs et les matchs de football, in *Esprit*, avril 1987.
【36】 D. Hervieu-Léger, *La Religion pour Mémoire*, Paris, Cerf, 1993.
【37】 M.-C. Pouchelle, Sentiments religieux et show-business : Claude François, objet de dévotion populaire, in J.-Cl. Schmitt, *Les saints et les stars*, Paris, Beauchesne, 1983.
【38】 id., Les faits qui couvent, ou Claude François à contre-mort, in *Terrains*, n° 14, *Carnets du patrimoine ethnologique*, mars, 1990.

【39】 A. Piette, Les religiosités séculières : une hybridité exemplaire pour l' anthropologie du religieux, *Social Compass*, vol. 41, n°4, 1994.
【40】 G. Davie, *Religion in Britain since 1945*, Oxford, Blackwell, 1994.
【41】 F. Champion et D. Hervieu-Léger (éd.), *De l'emotion en religion*, Paris, Centurion, 1990.
【42】 R. Lemieux et M. Milot (éd.), *Les croyances des Québécois. Esquisses pour une approche empirique*, Québec, Université Laval, 1992. ①R. Lemieux, Les croyances : nébuleuse ou univers organisé, ②M.Milot, Typologie de l' organisation des systèmes de croyances.
【43】 R. J. Campiche *et al.*, *Croire en Suisse (s)*, Lausanne, L'Âge d'homme, 1992. ①C. Bovay, L'influence de la religion dans la société suisse, ②A. Dubach, Tout bouge, il n'y a pas d'immobilité, ③M. Krüggeler, Les îles des Bienheureux. Les croyances religieuses en Suisse.
【44】 R. J. Campiche, Individualisation du croire et recomposition de la religion, *Archives de sciences sociales des religions*, 81, 1993 (janvier-mars).
【45】 Y. Lambert et G. Michelat (éd.), *Crépuscule des religions chez les jeunes? Jeunes et religions en France*, Paris, L'Harmattan, 1992.
【46】 G. Davie, *Europe : the Exceptional Case. Parameters of Faith in the Modern World*, London, Darton, Longman & Todd Ltd., 2002.

第四章

【1】 E. E. Evans-Pritchard, *Les anthropologues face à l'histoire et à la religion*, Paris, PUF, 1974 : La religion et les anthropologues (1959), p.33.
【2】 D. Martin, Towards eliminating the concept of secularization, repris dans *The Religious and the Secular : Studies in Secularization*, London, Routledge & Kegan Paul, 1969, p.9-22.
【3】 O. Tschannen, *Les théories de la sécularisation*, Genève-Paris, Librairie Droz, 1992.
【4】 D. A. Roozen, J. W. Carroll, W. C. Roof, *La génération née après guerre et la religion instituée. Un aperçu de cinquante ans de changement religieux aux États-Unis*, dans *Archives de sciences sociales des religions*, 1993, no.83 et 84.
【5】 S. Bruce (ed.), *Religion et Modernization. Sociologists and Historians Debate the Secularization Thesis*, Oxford, Clarendon Press, 1992. ①R. Finke, An unsecular America ②S. Bruce and R. Wallis, Secularization : The orthodox model ③B. Wilson, Reflections on a many sided controversy
【6】 R. J. Smith, *Ancestor Worship in Contemporary Japan*, Stanford, 1974.
【7】 M. R. Mullins, S. Susuitiu, P. L. Swanson, *Religion and Society in Modern Japan*, Berkleley (California), Asian Humanities Press, 1993.
【8】 J.-P. Berthon, Le shintô. Repères historiques et situation actuelle, in J. Delumeau (éd.), *Le fait religieux*, Paris, Fayard, 1993.

【9】G. Kepel (sous la dir. de), *Les politiques de Dieu*, Paris, Le Seuil, 1993.
【10】Th. Hanf, Modernisierung ohne Säkularisierung? Versuch über religiös-politische Ideologien in der Dritten Welt, in *Die Bedeutung der Ideologien in der heutigen Welt*, Köln-Berlin-Bonn-München, Carl Heymanns Verlag KG, 1986.
【11】B. Wilson, *Religion in Sociological Perspective*, Oxford (NY), Oxford University Press, 1982.〔B・ウィルソン『宗教の社会学——東洋と西洋を比較して——』（中野毅／栗原淑江訳），法政大学出版局，2002年〕.
【12】P. Berger, *La religion dans la conscience moderne* (trad. de *The Sacred Canopy*), Paris, Le Centurion, 1971.〔P・バーガー『聖なる天蓋』（薗田稔訳），新曜社，1979年〕.
【13】B. Wilson, *Religion in Secular Society*, London, Watts, 1966.
【14】B. Wilson, Aspects of secularization in the West, *Japanese Journal of Religious Studies*, vol. 3, 3/4, 1976.
【15】B. Wilson, *Contemporary Transformations of Religion*, Oxford, Clarendon Press, 1976.〔B・ウィルソン『現代宗教の変容』（井門富二夫／中野毅訳），ヨルダン社，1979年〕.
【16】K. Dobbelaere, *Secularization : A Multi-Dimensional Concept*, London, Sage Publications, 1981. (Current Sociology, vol.29, N°2).〔K・ドベラーレ『宗教のダイナミックス——世俗化の宗教社会学』（ヤン・スィンゲドー／石井研士訳），ヨルダン社，1992年〕.
【17】M.-D. Perrot, G. Rist, F. Sabelli, *La mythologie programmée. L'économie des croyances dans la société moderne*, Paris, PUF, 1992.
【18】Y. Goussault, Les frontières contestées du politique et du religieux dans le Tiers Monde, *Revue Tiers Monde*, t. XXXI, n°123, juillet-septembre, 1990.
【19】J.-P. Willaime, La relégation superstructurelle des références culturelles. Essai sur le champ religieux dans les sociétés capitalistes postindustrielles, *Social Compass*, vol. XXIV, 1977.
【20】Y. Lambert, *Dieu change en Bretagne*, Paris, Cerf, 1985.
【21】D. Hervieu-Léger et F. Champion, *Vers un nouveau christianisme?*, Paris, Cerf, 1986, surtout voir le chapitre « la fin des pratiquants » par la première.
【22】E. François, *Protestants et catholiques en Allemagne. Identités et pluralisme. Augsburg, 1648-1806*, Paris, Albin Michel, 1993.
【23】F.-A. Isambert, La sécuralisation interne du christianisme, *Revue française de sociologie*, XVII, n°4, 1976.
【24】G. Balandier, Le dédale, Paris, Fayard, 1994.
【25】A. Giddens, *Les conséquences de la modernité*, Paris, L'Harmattan, 1994.〔A・ギデンス『近代とはいかなる時代か？モダニティの帰結』（松尾精文／小幡正敏訳），而立書房，1993年〕.
【26】M. Augé, *Non-lieux.Introduction à une anthropologie de la surmodernité*, Paris, Le Seuil, 1992.
【27】J.-F. Lyotard, *Le postmoderne expliqué aux enfants*, Paris, Galilée, 1988.

〔J＝F・リオタール『ポストモダン通信．こどもたちへの10の手紙』（管啓次郎訳），朝日出版社，1988年〕.
【28】W. Welsch, *Unsere postmoderne Moderne*, Weinheim, VCH, Acta Humaniora, 1988.
【29】J. Zylberberg et C. Emeri (éd.), avec la collaboration de A. J. Pérez, *La démocratie dans tous ses États. Argentine, Canada, France*, Sainte-Foy, Les Presses de l'Université Laval, 1993.
【30】J.-P. Willaime, État, éthique et religion, *Cahiers internationaux de sociologie*, vol.LXXXVIII, 1990.
【31】T. Hanf, The sacred marker : Religion, communalism and nationalism, *Social Compass*, vol. XLI, n°1, 1994.
【32】Y. Lambert, Le rôle dévolu à la religion par les Européens, *Sociétés contemporaines*, n°37, 2000.
【33】D. Schnapper, Le sens de l'ethnico-religieux, *Archives des sciences sociales des religions*, 81, 1993 (janvier-mars).
【34】B. Wilson, Culture and religion, *Schweizerische Zeitschrift für Soziologie / Revue suisse de sociologie*, 17, n°3, 1991.

第五章

【1】Y. Lambert, La « tour de Babel » des définitions de la religion, *Social Compass*, vol. XXXVIII, n°1, 1991.
【2】F. Jacques et J. Scheid, *Rome et l'intégration de l'Empire, 44 av. J.-C. -260 apr. J.-C.,* t.1 *: Les structures de l'Empire romain*, Paris, PUF, « Nouvelle Clio », 1990.
【3】L. Kapani, Spécificités de la religion hindoue, in Jean Delumeau (éd.), *Le fait religieux*, Paris, Fayard, 1993.
【4】M. Sachot, « RELIGIO/SUPERSTITIO », Historique d'une subversion et d'un retournement, *Revue de l'histoire des religions*, t. 208, n°4, 1991.
【5】F. Messner, Peut-on définir juridiquement la religion? L' exemple de la République fédérale d' Allemagne, L' Année canonique, 31, 1988.
【6】Clifford Geertz, Religion as a cultural system, in M. Banton (ed.), Anthropological Approaches to the Study of Religion, London, Tavistock, 1966.〔C・ギアーツ『文化の解釈学Ｉ』（吉田禎吾／柳川啓一／中牧弘允／板橋作美訳），岩波書店，1987年〕.
【7】J. M. Yinger, The Scientific Study of Religion, New York, Macmillan, 1970.〔J・M・インガー『宗教社会学Ｉ 宗教社会学の方法』（金井新二訳），ヨルダン社，1989年〕.
【8】R. Cipriani, *La religione diffusa*, Rome, Borla, 1988.
【9】R. Robertson, *The Sociological Interpretation of Religion*, New York, Shocken, 1970.

【10】M. Spiro, Religion : Problems of definition and explanation, in Michael Binton (ed.), *Anthropological Approaches to the Study of Religion*, London, Tavistock, 1966.
【11】J.-P. Willaime, La religion:un lien social articulé au don, in *Qu'est-ce que le religieux? Revue du MAUSS semestrielle*, n°22, second semestre 2003.
【12】P. Legendre, Qu'est-ce donc que la religion?, *Le Débat*, n°66, septembre-octobre, 1991.

その他（原書巻末）

Armogathe (Jean-Robert) et Willaime (Jean-Paul) (éd.), *Les mutations contemporaines du religieux*, Turnhout, Brepols, 2003.
Baubérot (Jean), Béguin (Jacques), Laplanche (François) *et al., Cent ans de sciences religieuses en France*, Paris, Cerf, 1987.
Beckford (James A.), *Social Theory & Religion*, Cambridge, Cambridge University Press, 2003.
Belmont (Nicole) et Lautman (Françoise) (éd.), *Ethnologie des faits religieux en Europe*, Paris, Éditions du CTHS, 1993.
Bruce (Steve), *Religion in the Modern World*, Oxford, Oxford University Press, 1996.
Bréchon (Pierre) et Willaime (Jean-Paul) (éd.), *Médias et religions en miroir*, Paris, PUF, 2000.
Campiche (Roland J.) (éd.), *Cultures jeunes et religions en Europe*, Paris, Cerf, 1997.
Davie (Grace) et Hervieu-Léger (Danièle) (éd.), *Identités religieuses en Europe*, Paris, La Decouverte, 1996.
Dawson (Lorne L.), *Cults and New Religious Movements, A Reader*, Oxford, Blackwell Publishing 2003.
Hammond (Phillip E.) (ed.), *The Sacred in a Secular Age*, Berkeley-Los Angeles-London, University of California Press, 1985.
Hervieu-Léger (Danièle), *Le Pèlerin et le Converti, La religion en mouvement*, Paris, Flammarion, 1999.
Hervieu-Léger (Danièle), *La religion en miettes ou la question des sectes*, Paris, Calmann-Lévy, 2001.
Kepel (Grilles) (éd.), *Les politiques de Dieu*, Paris, Le Seuil, 1993.
Lambert (Yves), Michelat (Guy) et Piette (Albert) (éd.), *Le religieux des sociologues. Trajectoires personnelles et débats scientifiques*, Paris, L' Harmattan, 1997.
McGuire (Meredith B.), *Religion : The Social Context*, Belmont (California), Wadsworth Publishing Company, 5e éd., 2002.
Michel (Patrick) (éd.), *Religion et démocratie*, Paris, Albin Michel, 1997.

Randaxhe (Fabienne) et Zuber (Valentine) (éd.), *Laïcités-démocraties. Des relations ambiguës*, Turnhout, Brepols, 2003.
Willaime (Jean-Paul), *Europe et religions, Les enjeux du XXIe siècle*, Paris, Fayard, 2004.
Wilson (Bryan), *Religion in Sociological Perspective*, Oxford-New York, Oxford University Press, 1982.

その他（訳者による）

（翻訳・訳注に関して参考にした主たる文献）
『宗教学辞典』，東京大学出版会，1973 年.
『キリスト教大事典』，教文館，1988 年.
『新社会学辞典』，有斐閣，1993 年.
『ラルース社会学事典』，弘文堂，1997 年.
『岩波キリスト教辞典』，岩波書店，2002 年.
『岩波イスラーム辞典』，岩波書店，2002 年.
『現代宗教事典』，弘文堂，2005 年.
Le Petit Robert des noms propres, Dictionnaires Le Robert, 1996.
Quid 2002, Robert Laffont, 2002.

脇本平也／柳川啓一編『現代宗教学 4 権威の構築と破壊』，東京大学出版会，1992年.
井上順孝編『現代日本の宗教社会学』，世界思想社，1994年.
島薗進『精神世界のゆくえ』，東京堂出版，1996年.
阿部美哉『世界の宗教』（丸善ライブラリー），丸善，1999年.
井上順孝『宗教社会学のすすめ』（丸善ライブラリー），丸善，2002年.
伊藤雅之ほか『スピリチュアリティの社会学』，世界思想社，2004年.

訳者略歴
一九六一年生まれ
一九八四年京都大学文学部卒
宗教学専攻
明星大学人文学部助教授
主要著書
『欲望・身体・生命――人間とは何か――』（共著、昭和堂）

宗教社会学入門

二〇〇七年三月一〇日 印刷
二〇〇七年三月二五日 発行

訳 者 © 林《はやし》 伸《しん》 一《いち》 郎《ろう》
発行者 川 村 雅 之
印刷所 株式会社 平河工業社
発行所 株式会社 白 水 社

東京都千代田区神田小川町三の二四
電話 営業部〇三（三二九一）七八一一
編集部〇三（三二九一）七八二一
振替 〇〇一九〇―五―三三二二八
郵便番号 一〇一―〇〇五二
http://www.hakusuisha.co.jp
乱丁・落丁本は、送料小社負担にてお取り替えいたします。

製本：平河工業社

ISBN978-4-560-50910-4
Printed in Japan

文庫クセジュ

哲学・心理学・宗教

文庫クセジュ

763 エゾテリスム思想
764 認知神経心理学
768 ニーチェ
773 エピステモロジー
778 フリーメーソン
779 ライプニッツ
780 超心理学
789 ロシア・ソヴィエト哲学史
793 フランス宗教史
802 ミシェル・フーコー
807 ドイツ古典哲学
809 カトリック神学入門
818 カバラ
835 セネカ
848 マニ教
851 芸術哲学入門
854 子どもの絵の心理学入門
862 ソフィスト列伝
863 オルフェウス教
866 透視術
874 コミュニケーションの美学
880 芸術療法入門
881 聖パウロ
891 科学哲学
892 新約聖書入門
900 サルトル
905 キリスト教シンボル事典

文庫クセジュ

歴史・地理・民族（俗）学

文庫クセジュ

文庫クセジュ

社会科学